数字化转型

促进制造业高质量发展的机制与效应研究

陈海东 著

经济管理出版社

ECONOMY & MANAGEMENT PUBLISHING HOUSE

图书在版编目（CIP）数据

数字化转型促进制造业高质量发展的机制与效应研究 /
陈海东著. -- 北京：经济管理出版社，2025. -- ISBN
978-7-5243-0229-2

Ⅰ. F426.4

中国国家版本馆 CIP 数据核字第 20252RX429 号

组稿编辑：张馨予
责任编辑：张馨予
责任印制：张莉琼
责任校对：王淑卿

出版发行：经济管理出版社
　　　　　（北京市海淀区北蜂窝 8 号中雅大厦 A 座 11 层　100038）
网　　址：www. E-mp. com. cn
电　　话：(010) 51915602
印　　刷：北京晨旭印刷厂
经　　销：新华书店
开　　本：720mm×1000mm/16
印　　张：12. 75
字　　数：200 千字
版　　次：2025 年 7 月第 1 版　　2025 年 7 月第 1 次印刷
书　　号：ISBN 978-7-5243-0229-2
定　　价：98. 00 元

前　言

制造业高质量发展是经济高质量发展的基础和关键。党的二十大报告提出，要建设现代化产业体系，坚持把发展经济的着力点放在实体经济上，推进新型工业化，加快建设制造强国、质量强国、航天强国、交通强国、网络强国、数字中国，该报告对制造业高质量发展提供了根本遵循、指明了前进方向。"十四五"规划明确提出，要以数字化转型为总引领，全面推动生产、生活和治理方式的根本变革。习近平总书记指出："发展数字经济是把握新一轮科技革命和产业变革新机遇的战略选择。"数字经济已经成为重组全球要素资源、重塑全球经济结构、改变全球竞争格局的关键力量，推进世界经济数字化转型已成大势所趋。进一步推进经济数字化转型，对我国制造业高质量发展有着关键和划时代的意义。

本书深入分析和拆解了制造业数字化转型如何转，以及在当前经济环境和阶段下制造业高质量发展的内涵和特征，进而提出了数字化转型促进制造业高质量发展的四个维度。数字化转型主要从数字化技术应用、数字化管理普及等几个方面着手，通过各类前沿数字技术的应用，使大量数据、信息成为新的重要的生产要素，围绕和利用这些要素展开生产和管理，提炼数据信息和企业的价值，进而实现企业的数字化经营，并推广成为新时期我国经济发展的新引擎。从产业和市场发展的角度来看，这包括信息通信产业及其市场化应用，即制造业产业与数字技术全面融合，助力转型企业在效率、管理、理念等方面实现全面的提升。同时，对于制造业数字化转型及制造业高质量发展的衡量需要有科学的评价体系和分析方法，在构建制造业高质量发展评价指标体系方面，基于已有的关于制造业发展指标的研究以及制造业高质量发展的阶段性特征，本书提出了衡量制造业企业数字化转型和评价制造业高质量发展的指标体系，该体系一方面有助于直接观察到制造业当前的数字化转型水平，另一方面能客观有效地反映制造业高质量发展，能够为企业和政策制定者提供科学的决策依据，进而全面提升产业发展质量。从产业组织理论的视角来看，数字化转型背景下的数字技术应用和普及对整个制造业的传统市场结构产生了明显的外部冲击，触发市场各方主体行为改变，影响市场主体各相关方的绩效，进而改变原有市场结构，推动产业转型升级，实现制造业高质量发展。因此，本书提出了一个支撑全书的核心理论观点：数字化转型能够有效促进制造业企业高质量发展，数字化转型通过数字化技术、数字化管理和数字基础设施，实现赋能、优化和支撑，可以提升制造业企业全要素生产率，并促进绿色技术创新，加速制造业与服务业融合以及产业结构升级，最终推动制造业高质量发展。

结合党的二十大提出的推动制造业高端化、智能化、绿色化发展的方向，本书将数字化转型促进制造业高质量发展的机制细化为全要素生产率、绿色发展、产业融合、产业结构升级四个维度。在数字化转型背景下，数据要素重构了制造业的生产要素体系，体现出以数据为驱动的经济社会发展模式，改变了企业的传统行为，有助于提升效率、降低成本，提升组织绩效。数字化转型革新了创新过程，通过不断积累，从量变到质变，研究到应用的创新过程，不再是唯一的创新规律。在企业生产经营的各个阶段，没有明显的单独创新阶段，而是不同阶段相互作用，不同阶段的创新无处不在，与整个生产和管理的各个过程融为一体，实现了产品、技术、市场和组织创新，进而优化了企业的内控管理，加强了成本控制，提高了全要素生产率。伴随着数字技术与企业已有技术的深度融合，数字化转型对于制造业企业进行绿色创新所需的技术资源产生了积极的影响，通过数字化技术产生的信息共享和知识整合效应，不仅有利于推动现有技术或工艺的绿色升级，还能促进新型绿色技术的诞生、助力实现"双碳"目标。在数字化转型中，大数据、物联网、区块链等数字技术的应用强化了产业间的网络效应，打破了传统产业内涵的边界，推动了制造业的服务化进程，加速了服务业与制造业的融合发展。数字技术的高度渗透性和网络外部性导致了数字化转型的溢出效应，有利于培育新产业、新业态、新模式，从而推动产业结构的优化和升级。数字化转型本身展现出边际效应递增的特性，这一特性进一步增强了其市场化效应，对产业外部产生了积极的影响，同时也有助于打破地理空间的限制，展现出显著的地理空间溢出效应，为社会带来正的外部效应，促进产业结构的优化升级和区域经济的均衡发展，从而实现制造业企业的高质量发展。针对上述四个方面，本书设计了数字化转型在这四个维度的实证路径。

首先，在全要素生产率方面，通过面板数据和门槛回归方法，证明了制造业数字化转型已成为提高中国工业企业竞争力的关键因素，通过数字化技术、提高产品质量和生产效率实现快速的市场响应，从而满足消费者不断变化的需求，显著提升中国工业企业的全要素生产率，且这种影响呈现出逐渐增强的趋势。经过内生性问题的处理和稳健性检验，这一结论仍然成立。而且，数字化转型对制造业高质量发展的影响效果在企业层面和地区层面之间存在异质性，进一步的机制分析发现，制造业数字化转型可以提升企业的内控管理水平，加强企业的成本控制，提升企业的全要素生产率，从而促进企业高质量发展。

其次，在绿色发展方面，利用上市公司专利申请数据，对重污染企业的数字化转型对绿色技术创新的影响进行了深入研究。研究结果表明，重污染企业的数字化转型能够显著促进绿色技术创新，这一结论经过多种稳健性检验后仍然成立。传导机制的检验结果则表明，数字化转型主要通过提高企业信息共享水平和知识整合能力来促进其绿色技术创新。此外，异质性分析的结果表明，对于那些更重视环保且在绿色投资方面投入更高以及地区环境规制力度更强的企业，数字化转型所产生的创新激励效果更大。研究结果揭示了数字化转型对制造业企业在绿色创新方面的积极作用，丰富并扩展了企业数字化的相关研究，并对数字化转型与企业绿色可持续发展的兼容路径进行了剖析。

再次，在产业融合方面，本书基于省际面板数据，构建空间计量模型和中介模型，分析数字化转型如何影响制造业和服务业的融合。经过研究发现，企业的数字化转型有效驱动了产业的融合，并且在我国东部地区和东北地区效果更加明显；数字化转型能够通过制造业服务化来加快产业间的融合，而服务业制造化却不是有效的传导机制。进一步的分析表明，制造业与服务业的融合现象在空间上具有明显的集聚特性，高值聚集区域主要分布在长三角、珠三角等东部沿海区域以及部分中部地区省份，西部地区和东北地区低值集聚特征明显。在考虑空间因素后，相比西部地区和东北地区，东部地区和中部地区的数字化转型具有"先发优势"，对邻近地区产生了空间溢出效应。

最后，在产业结构升级方面，本书在理论分析的基础上构建了制造业数字化指数和产业结构升级指数，运用双向固定效应模型、空间杜宾模型实证检验了数字化转型对制造业产业结构升级的影响、两者间的时空演化关系以及数字化转型对制造业产业结构升级的作用机制。研究发现，制造业的数字化转型对产业结构升级具有正向推动作用，这种推动作用随着边际效应的递增而不断增强，表现为非线性特征。此现象不仅对本地区的产业结构升级产生积极影响，而且对相邻地区的产业结构升级产生正向的空间溢出效应。机制分析结果表明，制造业数字化转型通过提高产业的整体数字化水平，促进产业结构升级。总体来看，制造业数字化转型不但有利于我国区域经济的协调发展，并且能够有效改善各区域经济发展不平衡的状况，促进区域经济高质量发展和协调稳定发展。

经过一系列理论和实证研究，本书提出以下建议：加快数字基础设施建设，加快推动数字技术标准的制定，支持科技成果向产业转化，充分发挥数字化转型的规模效应，充分增强各市场主体的数字化意识，积极推动数字化技术在企业各环节的广泛应用，加快数字技术和传统产业的深度融合，加大对数字产业的政策、资金与人才扶持力度，实施动态化和差异化的数字产业发展战略等。

目 录

第1章 绪论

1.1 研究背景

近年来，随着前沿技术如大数据、云计算、人工智能等的迅猛革新，持续渗透到各个领域，全球各主要国家和地区都积极推进企业的数字化转型。《中华人民共和国国民经济和社会发展第十四个五年规划和 2035 年远景目标纲要》特别强调，将"加速数字化发展，构建数字中国"作为一项独立议题，并明确提出以数字化转型为主导，全面推动生产、生活和治理方式的根本变革，为数字化转型的未来方向提供了明确的指导。在这一新时代的背景下，推进企业尤其是制造业企业的数字化转型成为实现"数字中国"建设的重要内容和关键手段。

根据中国信息通信研究院发布的《中国数字经济发展研究报告（2023年）》，2022 年中国产业数字化规模已达 50.2 万亿元，占数字经济的比例高达 81.7%，占国内生产总值（GDP）的比例达到 33.9%。2023 年 9 月发布的《2023 中国企业数字化转型指数》显示，随着挤压式转型和行业颠覆程度不断加剧，只有少部分中国企业能够持续、多维度地深化数字化转型战略，为下一阶段的转型和增长做好准备。党的二十大报告对建设现代化产业体系做出了全面部署，强调优化经济结构，提升经济增长质量，加强国内市场和产业链的自主可控，保持与国际市场的互动和合作，构建以国内大循环为主体、国内国际双循环相互促进的高质量经济发展新格局，这种新格局不仅有利于中国经济的高质量发展，也有利于推动全球经济合作和发展。

制造业高质量发展已成为经济高质量发展的核心。它不仅有助于支撑经济社会的健康发展，保持就业稳定和改善民生，还能减缓外部环境的不确定性，为国内国际双循环的协同发展提供坚实的推动力。党的十九大报告明确强调，制造业高质量发展应坚持供给侧结构性改革，以创新为基础，以智能制造为关键，实现制造业的质量、效率和动力的全面变革。

在经济领域，中国早已成为全球制造业的领军者，然而，尽管在规模上取得了领先地位，但中国制造业的利润率却不及传统制造业强国，如美国、日本、德国等。这表明，中国制造业仍面临"大而不强""全而不优"的问题，因此加快制造业的数字化转型升级成为推动中国经济高质量发展的重要内涵，推动制造业高质量发展势在必行。

改革开放以来，中国之所以取得一系列令人瞩目的成就，是因为我们敏锐地抓住了信息化发展机遇，以信息化为引擎推动现代化进程。在新的征程上，我们需要坚持新发展理念，加快数字化转型，充分认识到数字化转型的重要性和紧迫性，积极探索数字化转型的新路径，推动数字经济与实体经济深度融合，培育新产业、新业态、新模式，为经济高质量发展注入新动力。借助数字化转型不断优化生产流程、提高效率，降低成本、增加效益，增强产业的创新能力和竞争力，推动产业向高端化、智能化、绿色化转型升级，确保发展成果更加普惠，实现人民对美好生活的向往。

推动经济高质量发展、提升全要素生产率，对中国企业在国际竞争中取得优势至关重要，也是为经济增长注入新动力的关键举措。信息技术的迅速发展已经深刻改变了全球格局，数字化转型正逐渐成为改变竞争格局的核心力量。党中央高度重视数字化转型的发展，将其视为供给侧结构性改革、制造业高质量发展和创新驱动发展战略的重要组成部分。数字化转型为中国企业带来了崭新的科技革命和产业变革机遇。在数字化转型与实体经济融合发展的进程中，产业数字化的经济效益成为焦点问题。因此，鉴于这一背景，深入研究企业数字化转型对制造业高质量发展的影响，具有极其重要的理论意义。

在数字化经济时代，制造业通过数字化改造，发挥着核心引领作用，有助于推动产业结构的升级与转型。2020 年 5 月，《政府工作报告》中创造性地提出了"推动制造业升级和新兴产业发展，发展工业互联网，推进智能制造。继续制定全面支持'互联网+'政策，打造数字化转型新的竞争优势"的重要战略。这凸显了在数字化转型快速蓬勃发展的大背景下，我国经济未来的发展方向已明确聚焦于数字化领域。数字化转型已经成为制造业高质量发展的关键驱动力，数字化转型已经演变为一种新的经济增长范式，与制造业密切相连，通过数字化技术，制造业企业可以优化生产流程，提高效率，减少浪费，并实现精准的市场预测和产品开发。同时，数字化也有助于加强供应链管理，保障制造业的连续性和稳定性，帮助制造业企业更好地融入全球价值链，提升国际竞争力。在未来，数字化和制造业高质量发展的关系将更加紧密，深化数字化转型对于促进制造业高质量发展有着重要的意义。

尽管我国在经济互联网化方面处于全球领先地位，电信基础设施和移动网络普及率也创下了历史新高，但从制造业的角度来看，数字化转型仍面临一系列困难。企业在数字化转型过程中常常面临以下问题：首先，数字化转型的成本相对较高，企业需要投入大量资金用于设备、人才培养和管理体系的搭建，这在短期内可能会对企业的经营绩效产生一定的影响；其次，数字化转型可能冲击企业原有的经营管理模式，引发组织的不适应甚至抵制；最后，数字化转型的收益不确定，企业难以准确估计转型带来的实际收益。正是因为这些挑战，许多国内企业，特别是传统制造业，在数字化转型过程中产生犹豫，转型改革往往不够彻底，导致资源消耗与预期不符。因此，推动数字化转型以促进制造业的高质量发展，迫在眉睫。

本书将从产业经济学的角度出发，分析制造业数字化转型对企业特别是制造业企业的高质量发展所产生的实际影响，并从理论机制出发，定性和定量描述制造业数字化转型对企业高质量发展产生的效应，通过深入探究相关机制和效应，更好地理解数字化转型背景下制造业的发展趋势和现实挑战，具有重要的理论意义和实践价值。

1.2 问题的提出

1.2.1 中国制造业迅速发展

作为工业经济的主要支柱，中国制造业在过去 40 多年经历了多个关键阶段的发展。以下是这些阶段的简要描述：改革开放初期（1978 年至 20 世纪 90 年代初期）：中国以重工业为主导的制造业开始起步，同时轻工业也得到了快速发展。随着外资的大量涌入，中国的民营经济得到了高速扩张，民营制造业企业群体也得以发展壮大。21 世纪初至 2018 年：中国加入世界贸易组织（WTO），使中国的制造业一步步深度融入了全球价值链，中国成为全球价值链贸易枢纽与制造中心，发展内需成为促进经济发展的重要因素和力量。

中国制造业在改革开放的过程中不断前进、发展、壮大。世界银行公布的数据显示，2004 年，中国制造业增加值达到 0.63 万亿美元（现价美元），占全球制造业增加值的比重为 8.6%。到了 2010 年，这一数值飙升至 1.92 万亿美元（现价美元），占全球制造业增加值的比重也大幅提升至 18.1%，此时，中国首次超越美国成为全球制造业规模最大的国家，这无疑显示了中国制造业的强大潜力和显著提升的国际竞争力。2018 年，中国制造业增加值达到 3.87 万亿美元

（现价美元），占全球制造业增加值的比重为 27.3%，接近美国、德国、日本三国制造业增加值的总和，持续稳固世界第一制造业大国的地位。2004~2022 年，中国规模以上制造业的年均增速高达 12.2%，远高于同期世界大多数国家的制造业增速。截至 2022 年，在我国制造业的各个大类和细分行业中，中国的工业产出达到了全方位覆盖，并且 200 多种工业行业的产量始终保持全球领先地位。

尽管近年来中国制造业在国内生产总值中的比例稍有下降，增速也略有减缓，但其增长率基本上仍保持在 3% 以上，整体上占国民经济的比重一直高于30%。说明制造业在我国经济中占据着至关重要的地位，且从相当长的时间来看，制造业仍然是我国经济竞争力的主要承载力量（见图 1-1 和表 1-1）。

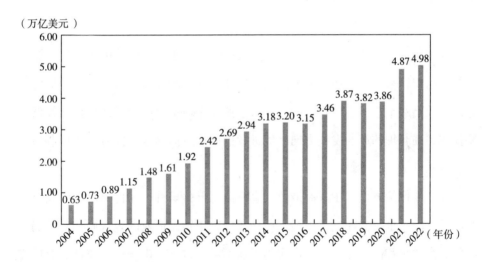

图 1-1　2004~2022 年中国制造业增加值（现价美元）总量情况

资料来源：整理自世界银行数据库。

表 1-1　世界部分国家制造业增加值的年增速

国别	2016 年	2017 年	2018 年	2019 年	2020 年	2021 年	2022 年
中国	6.80	7.20	6.50	5.20	2.20	7.30	4.40
美国	−1.15	2.39	3.79	0.81	−4.65	7.20	4.80
德国	4.15	3.13	1.49	−1.50	−3.40	5.50	3.30

国别	2016 年	2017 年	2018 年	2019 年	2020 年	2021 年	2022 年
日本	-0.72	3.70	0.47	-0.40	-2.60	4.20	2.30
英国	0.25	2.21	0.08	-1.20	-1.30	3.80	2.70
俄罗斯	2.81	1.22	1.63	-2.20	-3.30	-1.40	1.61

资料来源：世界银行数据库和《中国统计年鉴》（2017~2023 年）。

1.2.2 中国制造业高质量发展受到多重制约

尽管中国制造业取得了引人瞩目的成就，但在持续发展的进程中仍然受到技术、要素、内外部环境等多方面的制约。

（1）"大而不强"问题突出。

我国制造业"大而不强"的问题是比较突出的，自改革开放尤其是加入世界贸易组织以来，我国制造业的产出和增加值在不断发展，截至目前规模已经达到世界较高水平，但不可否认的是，制造业在全球价值链中的地位仍然偏低，需要找到更加合理的产业发展方向，促进我国制造业向高端化发展，实现制造业的产业结构升级。

在产业供给方面，中国制造业一直以高质低价著称，在世界范围内满足了广大消费者的需求。然而，进入高端产品领域，中国制造业的表现则相对较弱，高品质、高效率和高效益的产品供应仍明显不足，占据的市场份额较低。有研究表明，尽管中国工业产品的性能、质量和层次与发达国家相比仅有约5%的差距，但这5%的差距却足以让"中国制造"产品的附加值与世界制造业强国之间的差距持续拉大（李英杰和韩平，2021）。

从企业品牌的角度来看，相较于西方国家，特别是欧美发达国家和地区，它们依托早期的资本积累和制造业的发展，诞生了很多知名企业品牌，如欧洲大陆诞生了很多"国家品牌"，德国制造业的奔驰、宝马、奥迪、大众等，瑞士制表业的劳力士、浪琴、欧米茄、百达翡丽等，法国奢侈品制造业的路易威登、迪奥、香奈儿、纪梵希，以及意大利制鞋业的芬迪、Wahou、Bettanin & Venturi、阿玛尼等。欧洲企业，特别是中小企业自有品牌占欧洲主要市场总销售额的 40% 以上，拥有的品牌数量是美国的 2 倍，这成为欧洲市场繁荣的重要原因。中国制造业自改革开放以来快速发展了 40 多年，但自主品牌和龙头企业较少中国制造业品牌在国际市场竞争中的影响力还非常有限（见表 1-2）。

表 1-2　2020 年中国制造业在世界 500 强企业中的排名情况

指标说明	数据统计
中国入榜 500 强企业数量（个）	144
中国入榜企业中制造业企业数量（个）	82
144 家中国企业营业总收入（百万美元）	9463731.8
82 家制造业企业营业总收入（百万美元）	4629891.1
144 家中国企业总利润（百万美元）	438284.1
82 家制造业企业总利润（百万美元）	74338.9
中国世界 500 强企业中制造业企业数量占比（%）	54
中国世界 500 强企业中制造业企业营业收入占比（%）	51.27
中国世界 500 强企业中制造业企业利润占比（%）	23.33

资料来源：根据《财富》世界 500 强排行榜测算。

（2）创新发展水平相对滞后。

一方面，改革开放以来，中国制造业依靠粗放型为主的模式实现了多年的快速发展，同期却没有建立起良好的创新体制，导致在创新投入、创新能力、创新氛围等方面仍存在诸多不足，需要进一步加以改进和完善。相比欧美发达国家和地区在基础科学研究领域的投入占国内生产总值高达 20% 左右的占比，中国的投入仍然存在明显的差距。[①] 另一方面，随着中国制造业开始迈向高端化，进军战

---

① 截至 2022 年，基础科学研究领域的投入占国内生产总值的占比，中国为 6.5%，美国和法国分别为 19.0% 和 26.3%。

略性新兴产业，贸易壁垒、技术封锁、关税措施等一定程度上制约了中国制造业对前沿技术的获取能力和开发能力，影响了中国制造业在战略性新兴产业的发展。此外，虽然中国拥有全世界最多的工程师，每年的工科毕业生人数甚至超过了美国、欧洲、日本和韩国的总和，但为中国制造业产业链提供智力保障的高技术人才数量仍然相对不足，高技术人才往往集中在大型国有企业或少数大型民营企业，绝大部分中小型民营企业的高技术人才占比仍然非常低。高校和科研机构虽然有着相当数量的高学历、高技术人才，由于当前政产学研体系不健全及职称评定晋升机制的影响，高技术人才更倾向于投身学术活动，诸如发表论文与争取科研项目，而相对忽视了满足市场需求与实际工作投入，导致此方面努力不足。这些情况，未来仍需探讨一条能够以市场为导向、企业为主体的产学研一体化创新体系。

（3）产业链协同运作不畅。

近年来，中国一直在努力推动制造业全链条转型升级，打造产业基础高级发展、科技创新投入、链式结构完整的现代化高质量产业链，但总体还没有取得很好的效果，产业链的协同运作不畅通，也是制约制造业实现高质量发展的重要原因。根据部分市场调查，在很多制造业的"掌舵人"眼中，对于科技的投入和创新技术的使用还抱有可有可无的态度，或者即使有一定的科技创新投入，也仅仅将其视为生产经营的一个附属部分，没有将科技创新真正运用到产品研发、生产制造、营销等生产管理流程和上下游产业链提升，无法发挥科技创新的关键作用。与此同时，虽然创新部门在一些科技领域表现出色，但是它们对传统制造业的理解并不接地气，对制造业企业的生产工艺和流程难以做到充分的了解，大多研究没有与市场需求驱动相结合，因此难以对实际生产运营销售提供支持，也无法使基础技术研究与产业应用实践紧密结合。同时，作为中国制造业主力军，规模以上工业企业中从事研发的比例一直处在较低水平（见图1-2），导致产业链关键节点的研发技术难以实现自主化、缺乏核心技术，产业链的安全和稳定则无法保证。

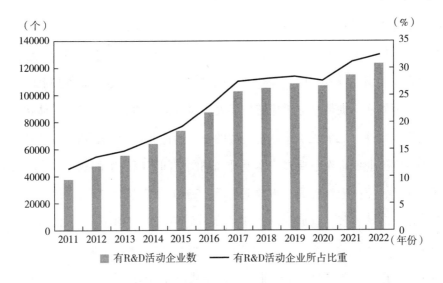

图 1-2　有 R&D 活动的规模以上工业企业数量及其所占比重

资料来源：《中国统计年鉴》（2012～2023 年）。

另外，有效提升产业链供应链韧性和安全水平，需要先进技术、众多高级技术人才、海量数据等高端要素的支持，而中国制造业上下游各要素的功能耦合和能力整合渠道存在短板，整体协同效应不佳，导致产业链内部连接不够顺畅。此外，加上支持制造业企业发展的协作环境和支撑体系、高端制造能力缺乏，如高端芯片、核心技术软件、供给软件等仍然高度依赖进口，产业自主配套能力存在瓶颈，无法有效支撑制造业高效、高质发展，严重制约了中国制造业产业链自主性提高和价值链的提升。

（4）要素束缚制约发展速度。

当前，中国制造业多年来赖以发展的要素成本竞争优势如人口红利、土地红利等逐步减弱，成本压力不断加大，引入新型生产要素以促进制造业的转型升级势在必行的。中国周边的东南亚国家，如越南、印度、老挝、缅甸、印度尼西亚等一些中低收入国家依靠要素成本优势，让国与国的产业梯度转移的规律再度发生明显作用，吸引国内外资企业甚至民营企业向这些国家和地区发生产业转移。目前，这种产业梯度转移进程仍在持续进行中，不可避免地对中国劳动密集型产业造成了冲击，导致中国制造业的相对竞争优势不断弱化，进而阻碍了制造业的快速发展。传统要素成本的上升，叠加地缘政治不稳定等因素对当前全球的供应链产生重大冲击，导致各国在综合考虑政治安全、社会稳定、成本控制、技术创新等多重因素后，促使全球供应链格局发生深刻的重塑，全球经济一体化趋势变得充满不确定性，之前受益全球化进程的中国制造业企业也受到不小的冲击。目前，中国制造业面临企业要素成本上升和利润空间不断压缩的双重困境。以劳动力成本为例，据国家统计局官方数据显示，2010~2022 年，制造业用工成本大幅上升，用工环境趋紧，这期间制造业劳动力的平均工资增长了近 2.6 倍。同期，中国规模以上工业企业的总资产利润率从 2010 年的 12.50% 下降到 2022 年的 5.24%，这意味着中国制造业企业一直未能从产业链的中低端转型，让制造业企业的脆弱性越发明显，面对经济起伏的韧性不足，容易陷入困境。

制造业的高质量发展已成为衡量国际竞争力的重要标志，中国作为世界制造业大国，实现制造业的高质量发展更是至关重要。数字化转型作为制造业高质量发展的关键因素，正逐渐改变着传统制造业的生产方式和商业模式，为中国制造业的高质量发展注入强大动力。

针对上述背景，结合我国制造业当前在转型期并亟待升级的时代特点，研究明确制造业高质量发展的核心内涵与数字化转型的正确方向显得尤为重要。从近几年我国数字经济的蓬勃发展来看，制造业的数字化转型能够在企业生产管理的某些环节和产业的链条上实现效率提升，但这种提升是否就是数字化转型所带给制造业的全部，以及这些提升是否能够有效促进我国制造业高质量发展，仍然需要更多数据的支撑和实证的研究。从我国政策的导向来看，制造业的高质量发展，除了提升效益，也更加重视绿色化发展和产业链向高端制造升级，而数字化转型是不是解决这一问题的良药以及如何实现该目标的路径，将是本书研究的重点。

为此，本书提出并拟解决以下五个问题：一是制造业数字化转型和高质量发展的内涵是什么，用什么样的指标体系进行评价；二是制造业数字化转型对企业生产效率的提升主要通过什么影响，如何影响；三是制造业数字化转型对企业的绿色技术投入会产生什么影响，影响机制是什么；四是区域的制造业数字化转型是否会促进产业融合，提升产业链效率；五是制造业数字化转型是否会对产业结构升级产生积极影响，这种影响的内在机制是什么。

本书将从产业经济学的角度出发，分析制造业数字化转型对企业，特别是制造业高质量发展所产生的实际影响。一方面通过理论分析研究制造业的数字化转型对高质量发展的路径和机制；另一方面通过将相关数字化转型水平指标和高质量发展指标量化，用实证分析验证与理论相关的假设及具体影响机理。因此，深入探究这些问题，从而更好地理解数字化转型背景下制造业的发展趋势和现实挑战，具有重要的理论意义和实践价值。

1.3　研究意义

1.3.1　理论意义

数字化转型对制造业企业发展的效用和价值是近年来国内外学者和企业经营管理者比较关注的重要问题。然而，当前大部分研究仍集中在过去 20 年我国经济的发展阶段和制造业发展水平，且大框架宏观理论居多，对数字化转型的价值以及对制造业高质量发展的影响主要进行定性分析，定量分析的内容主要集中在生产效率提高及成本控制方面。这是因为：一方面我国大多数制造业产业的数字化转型仍处于初级阶段，可用的技术和可借鉴的方法论比较有限，而且制造企业以国企居多，在进行数字化转型的企业方面比较谨慎，可供研究的样本较为有限；另一方面缺乏关于如何量化企业数字化转型的合适理论和方法，国外的研究也没有更多可参考的价值，因此大多数学者主要从理论和案例分析的角度进行研究，少数实证研究的数据也比较有限，且因经济环境的变化，未能找到有针对性的答案。

本书旨在新时代新环境下研究制造业企业的数字化水平与高质量发展之间的关系，为我国制造业产业在当前关键的阶段指明方向，提供基于数据模型分析的视角和结论。同时，在新技术的普及背景下，本书完善企业数字化转型的指标体系，并在研究数字化转型对制造业企业高质量发展影响的基础上，建立了企业数字化转型的指标体系和测度依据。以此为基础，本书采用多种方法探讨了数字化转型对企业高质量发展的影响。一方面，从理论分析的角度，深入探究了企业数字化转型对高质量发展的影响机制和路径，并对现代企业高质量发展的内涵作了更加明确和全面的阐释，符合当前我国制造业产业发展阶段的特征和要求；另一方面，基于制造业企业高质量发展的具体内涵，本书通过翔实的数据分析和实证模型，对制造业数字化水平产业的影响进行了量化分析，采用了包括面板回归、门槛回归和空间计量等方法，全面而深入研究了数字化转型对企业发展的影响。这些研究方法和结果不仅有助于帮助决策者理解数字化转型对制造业企业高质量发展的影响，也为制造业企业在经营管理、流程改造、产品销售及服务理念方面提供了参考。

本书通过实证分析和理论探讨相结合，基于数据模型的结果，得到了符合当前时代特征和政策方向的结论和建议，为我国制造业企业的转型发展提供了有力的支持。

1.3.2 实践意义

我国大多数制造业企业的数字化转型仍处于初级阶段，预期效果尚未完全显现，且需要根据我国经济、技术的发展进行调整和改善。其中的关键在于政策支持，制定适当的数字化转型政策对于推动制造业数字化转型至关重要。通过对制造业数字化转型的战略实施进行分析，可以为相关政府部门提供微观的经验数据，以支持其制定数字化转型政策。

　　目前学术界尚未形成统一的关于数字化转型对制造业高质量发展影响的定论。本书通过深入研究制造业数字化转型与企业高质量发展的多个维度，分析了具体的转型策略对企业高质量发展的影响。这种研究有助于企业在数字化转型过程中更加科学地做出决策，为我国制造业数字化转型提供决策支持。另外，对于产业发展方向方面，本书基于数据和经验的视角为产业技术投资，阐明了数字化的投入最终如何影响制造业产业的发展和结果，且部分政策可以基于异质性分析进行更合理地制定和实施，提升资源使用效率。

　　因此，通过深入剖析制造业数字化水平对高质量发展的实际效果和机制，可以为政府提供制定数字化转型政策方面的更多的宝贵经验。通过研究制造业数字化转型对企业高质量发展的具体影响，可以为企业决策者提供指导，让他们在数字化转型中更加明智地前进。整体而言，本书为我国制造业数字化转型提供实证支持，为政策制定和企业实践提供有价值的参考。

1.4　主要内容、研究方法和框架

1.4.1　主要内容

　　本书主要是探讨数字化转型促进制造业高质量发展的机制和效应。首先，从理论上分析了数字化转型和制造业高质量发展的概念，同时结合当下我国制造业发展的现状和环境，对比国内外制造业的发展，阐述了中国制造业发展的趋势，并总结了制造业数字化转型对制造业企业和产业影响的机理和路径。其次，整理了历史上相关指标体系，并形成了本书认为更符合时代发展要求的新的制造业高质量发展指标体系，并在这一体系不同层面的实证进行了区分。最后，基于理论研究提出的基本假设和数字化转型概念，已经形成了实证分析的基础，本书从制造业高质量发展的四个维度对理论假设进行了实证，并进行了稳健性检验。本书各章研究内容概要如下：

第1章为绪论。该章以本书的研究背景出发，提出本书需要解决的几个问题，进而对本书的研究意义、主要内容、研究方法、研究框架和可能的创新与不足进行介绍和说明。

第2章为文献综述。该章主要对数字化转型的由来和研究脉络、数字化转型与制造业高质量发展研究等相关文献资料和研究现状进行了相关介绍和评述，提出了部分现有相关研究观点的不足之处。

第3章为数字化转型影响制造业高质量发展的机理探究。在数字化转型和制造业高质量发展的内涵与特征基础上，基于信息技术与生产力理论、数字化创新与竞争优势理论、产业链与价值链重构理论，结合国家对制造业高质量发展大方向的指引，提出数字化转型促进制造业高质量发展的四个维度机制和效应。

第4章为制造业企业数字化转型与高质量发展的现状分析。结合企业发展研究以及制造业高质量发展的阶段性特征，提出了衡量制造业企业数字化转型测度和评价制造业高质量发展的方案和指标体系。

第5章为数字化转型提升制造业企业全要素生产率的实证研究。基于相关数据，使用固定效应面板回归模型、门槛回归模型对数字化转型提升中国工业企业全要素生产率的机制进行实证检验，使用包括行业、地区、企业财务等变量作为控制变量，并使用工具变量法做稳健性检验，而且进行了产权性质、企业规模、市场化程度和地理位置方面的异质性分析。

第6章为数字化转型促进制造业企业绿色技术创新的实证研究。对上市公司中的重污染企业进行了深入研究。利用上市公司专利申请数据，对数字化应用方面对绿色技术创新的影响及具体的影响和作用机制进行了实证研究，并对促进企业绿色技术创新和提升绿色化生产能力信息共享水平和创新知识整合能力机制进行检验。

第7章为数字化转型促进制造业和服务业融合的实证研究。以探究数字化转型驱动制造业与服务业融合内在机制为基础，采用了我国省际面板数据，并运用耦合协调度模型来测算制造业与服务业融合水平，同时计算相关指数。此外，还进行了中介效应检验，进一步对数字化转型对制造业与服务业融合的影响进行深化探讨。

第 8 章为数字化转型促进制造业产业结构升级的实证研究。从数字化转型和产业数字化两个更深入的视角切入，利用我国 30 个省份的面板数据，采用固定效应模型和空间杜宾模型，对数字化转型对产业结构升级的直接影响及其非线性特征、数字化转型与产业数字化的时空关系及其可能存在的中介效应等进行了实证检验。

第 9 章为主要结论与政策建议。总结数字化转型促进制造业高质量发展的主要研究结论，并进一步针对数字化转型促进制造业高质量发展提供一些参考的政策建议。

1.4.2 研究方法

（1）文献研究法。

通过对数字化转型、制造业高质量发展、产业融合和产业结构升级等领域的文献进行系统性的收集、筛选、分析和综合，了解数字化转型和制造业高质量发展的国内外研究现状，为本书深入研究该领域、构建数字化转型促进制造业高质量发展的机制与效应提供重要的学术支撑。

（2）文本分析法。

将上市公司年度报告进行文本挖掘分析，通过分析上市公司报告中管理层讨论与分析的回顾部分与企业当年业绩的关联性，以及展望、业绩回顾中"数字化"及"数字化转型"等词汇的出现频率，来衡量企业的数字化转型程度。并分析相关指标数据。

（3）统计分析法。

使用 Office 软件、迅捷画图软件等，使用图表和统计方法，对收集的相关实证原始数据进行初步的整理并作图，为实证分析提供支撑。

（4）定量分析法。

为了验证本书中提出的一些假说，采用计量分析方法，运用固定效用、门槛效应、中介效用等模型，对数字化转型对企业的生产效率提升、绿色创新、产业融合和产业结构升级的机制和效应进行实证分析。

1.4.3 研究框架

本书的技术路线较为完整，符合科学研究的流程和规范，研究思路较为清楚，更加注重内容的准确和实证的说服力，具体研究框架和技术分析路线如图 1-3 所示。

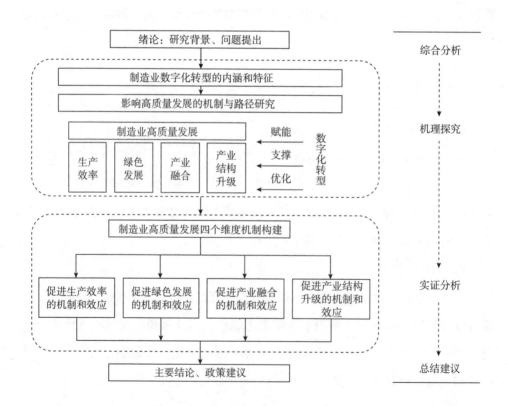

图 1-3 本书研究框架和技术分析路线

资料来源：笔者整理。

1.5　创新点和不足

1.5.1　可能的创新点

制造业数字化转型是近年来产业经济学者所关注的重点，已有的文献主要是基于制造业数字化对经济效益的影响的分析，未能全面考虑制造业企业数字化在更广泛层面，包括环保、产业融合、产业结构升级等层面的影响，这一部分也是本书的重点。也就是说，制造业数字化转型对企业高质量发展的影响是多维和全面的，这里企业既指单个生产企业，也包括制造业上下游及横向同地域企业在内产业。从产业层面出发，可以看到企业的高质量发展内涵就更加丰富。

本书通过深入剖析制造业数字化转型及高质量发展的内涵，从逻辑和数据出发，分析了两者的内在联系和影响机制。总体来看，本书的创新点主要包括以下四个方面：

一是从微观到宏观研究了制造业数字化转型对企业和产业发展影响的机理和路径，不仅关注数字化转型对制造业企业本身的影响，同时通过实证分析了产业端数字化转型水平对产业融合和结构升级的影响，这是其他研究未能综合考虑的视角。

制造业企业的数字化转型从微观上看是个体或者在受政策影响下的个体决策，但由于在互联网和数字时代背景下，企业的数字化行为会影响与之相关的经济角色，因此该影响需要从更宏观的视角观察，本书分析机制和路径主要涵盖两个层面：一是详细分析了制造业数字化转型对与之相关的经济角色的具体影响，形成以点带面的多维视角；二是从制造业数字化转型的内涵机理出发，明确指出数字化转型这一个体形成如何影响行业甚至是产业，基于过去研究的成果提出了一个有价值的假设和思考。

二是完善数字化转型和高质量发展的计量指标体系，优化了评估标准。本书既提出了优化的评估企业数字化转型和高质量发展水平的指标体系，也提出了基于产业的数字化转型指标，同时针对性地将制造业产业层面的高质量发展具象化为产业融合水平和产业结构升级水平，并给出了可量化的指标体系。

对于企业数字化转型及高质量发展的评价，一直以来都是学术界的难题，本书在总结前文成果的基础上，评估和提出了多个维度的指标计算体系。在数字化转型的测度上，通过进一步细化文本分析、构建数字化转型综合指数的方法来测度企业的数字化转型情况。在新时期，国家经济政策和产业政策都有新的特征，历史上的一些固有评估指标已经不合适或者存在部分错误，本书一方面考虑解决制造业数字化水平评估和高质量发展水平评估的问题，尤其是后者，会受到高质量发展内涵变化的影响；另一方面考虑解决指标设计和计算的合理性和可行性的问题，结合时代发展的特征和现实实际，提出了更优的评价体系方案，这个方案更加符合当前制造业数字化发展框架，也为后续实证研究打下了基础。

三是构建制造业高质量发展四维度体系，深化了制造业高质量发展的理论体系。相对于其他研究大多只关注于企业微观高质量发展，本书结合了制造业企业的微观因素和制造业产业的宏观因素，把微观因素和宏观因素综合起来作为高质量发展的内容，也作为本书的主要被解释变量。

什么是制造业的高质量发展，这是作为制造业强国的中国所面临的首要问题，为了防止"大而不强"情况出现，把高质量发展的内涵和方向阐述明确尤为重要。本书结合对制造业产业的了解及我国经济发展阶段的实际，结合党的二十大提出的推动制造业高端化、智能化、绿色化发展的发展方向，把数字化转型促进制造业高质量发展的机制细化为生产效率、绿色发展、产业融合、产业结构升级四个方面，构建制造业高质量发展四维度体系，深化了制造业高质量发展的理论体系，并提出了数字化转型分别在这四个维度影响的实证路线。这既是对过去制造业发展的成功经验总结，也进一步明确和强调了制造业高质量发展的具体方面，为政策和经济研究提供了良好的参考。

四是使用多个方法和多套数据系统实证了制造业数字化转型对高质量发展的影响。本书使用了四个维度的数据进行了实证。这四个维度不仅仅是平行的关系，更是从微观到宏观，从企业到产业逐层递进的关系。从最基本的企业生产效率出发，到新时期我国政策层面强调的绿色化发展，再到基于当前"数实融合"的产业融合和产业结构升级，这是数字化转型和我国制造业发展当前所需要实现的目标和结果。由浅入深，进一步丰富了制造业高质量发展的内涵。

由于本书的研究重点在制造业高质量发展的四个细分维度，因此，本书使用了四套数据和四种方法，方法的选择取决于实际需要和模型设计。因此，基于多个层面的数据得到的结果使本书的结论更加真实可靠。并且，本书对每部分实证的结果进行了稳健性检验，完全符合计量方法的要求。计量方法方面，使用了面板模型、门槛模型、空间计量模型等，把制造业数字化转型的影响具体到了数据和统计层面。虽然计量方法以经典的统计方法为主，但该类方法在该研究领域的使用部分属于创新内容，也得到较好的符合预期的结果。

1.5.2　主要不足

一方面，本书没有能够从理论和实证检验上，深入地厘清数字化转型产生的产业结构升级效应，由于数字化转型产生的产业结构高度化绝非简单地从"二、三、一"到"三、二、一"的产业更替过程，数字化技术的普及和应用导致的高技能劳动力主导的产业结构是如何产生的，本书探讨深度还有所欠缺。另一方面，本书将制造业高质量发展的创新相对淡化，只是基于前人文献研究的全要素生产率与创新的正向关系，认为全要素生产率提高就代表了创新的提升，可能忽略了数字化转型给制造业带来的各方面创新，进而可能影响了对机制效应的分析。

第 2 章　文献综述

2.1　数字化转型的内涵和特征

2.1.1　制造业数字化转型的内涵

近年来，全球范围内数字化转型蓬勃发展，成为企业数字化转型不可或缺的推动力量。经过 20 多年的演进，数字化转型已经从信息产业领域发展成为一种重要的经济形态，它承担着农业和工业经济职能的第三类经济形态。这种新型经济形态正在逐渐取代传统工业经济，融合各种生产要素产生新业态、新商业模式，激发经济发展新动能，从而引领经济社会进一步向前发展。首先，数字代表着海量的数据信息，特别是大数据这种新型生产要素，它不但显著提高了资本和劳动力的使用效率和品质，更深远地重塑了生产函数，进而提升了全要素生产率。其次，数字化能力亦包括一系列与互联网相关的前沿技术，这些先进的数字科技持续渗透经济社会的各个领域，对传统的生产关系和生产力产生了深远的重构效应。

数字化转型的概念源自企业的经营变革。例如，Tobias 等（2020）认为，数字化转型是基于数字技术的一种变革，引导企业运营、业务流程和价值创造发生独特的改变。Matt 等（2015）则认为，数字化转型战略是支持由数字技术整合带来的变革的蓝图，支持转型后的运营。数字化转型的核心问题在于面对新的环境问题，通过使用数字化技术和方法，来提高企业的整体运营效率和能力，发展新的适应生产力的管理方式，从而构建新的竞争优势（安筱鹏，2019）。Agarwal 等（2010）和 Majchrzak 等（2016）认为，数字化转型是指通过数字技术的运用，不断改造和变革社会组织和机构的过程。这一过程和方式强调将数据、信息和生产进行融合，用新的方式实现生产经营，从而优化业务流程。作为一套全面的框架，数字化转型可被定义为适应变化的过程，也可以是一种主动的观念变革，对价值创造的方式进行不断改进和优化（Vial，2019）。随着数字技术在各行业的广泛应用，数字化转型的概念也不断扩展。贾利军（2023）分析了第三次工业革命的发展及其对制造业的影响，指出数字技术在制造业转型中的三个关键特征：数字资本品的战略地位、行业特定的生产实践经验对数字化转型的重要性以及更强调制造业自主研发的融合性与整体性。

学术界普遍认为，数字化转型具备数字技术的应用和组织架构的深刻调整变革这两个主要特征。不仅从经营流程、产品及营销方面进行变革，更从经营理念、组织结构甚至对生产的定义等多个方面的全面变革（Chanias et al.，2019）。Verhoef 等（2019）指出，数字化转型与单纯的数字化不同，后者仅仅涉及从模拟信息转化为数字信息的形式变化过程，而数字化转型则牵涉到更深远的影响或变革，包括业务流程的全面改进以及组织架构和战略模式的深层次变革。Khuntia 等（2014）指出，企业数字化转型可促进数字技术对流程的精简，从而提高运营效率，而且能够在优化产品质量、服务质量和客户满意度方面发挥积极作用。牛思佳和沈雷（2020）指出，数字化转型在于促进技术与业务的高度融合，使企业能高效运用当前正爆发的各类新技术，进而推动企业保持创新力和竞争力。这种融合是深度结合的过程，这一过程加速促进了传统制造产业的转型升级，为产业的未来发展打开了更大的想象空间。同时，数字化相关的产业投资规模扩大和投资质量也在不断提升，可以通过资本深化和产业系统发展来有效促进其他产业的增长（Chou et al.，2014）。

随着制造业企业数字化的不断深化，其内涵也在不断扩展。一般来说，制造业的数字化转型是指使用各类信息技术和数字技术，使之与生产经营的各个环节进行融合，实现对效率和质量的提升，并进一步使企业适应这类数字化技术和理念的逻辑，改造企业的管理流程，从更广泛的角度来说，还包括"产业数字化"，使产业整体上实现数字化升级。将制造业产业的上下游信息、物流传递与数字技术全面融合以提高效率。在此过程中，丰富多样的数据信息与高效的数字技术有力促进了各类资源要素的快速流动、支撑和帮助企业打破时空区域限制，对传统产业在其原来的生产领域经营中产生显著的促进作用，或者实现跨界发展。同时，这种转型也降低了生产成本和风险，这对微观经济主体来说是至关重要的。当前，众多领域正在积极挖掘数字化转型在产业方面的潜能，并不断提升智能化水平。从形态来看，已经有类似智能物流这种新兴产业模式的出现，极大地改善了传统物流产业的运营效率。而在"数字金融"的引领下，传统金融业也正在加速向智能化金融方向的数字化转型。

总结下来，就目前制造业行业所应用和实践的层次来看，制造业数字化转型的内涵主要包括以下五个方面：

（1）技术集成：制造业数字化转型涉及将先进的数字技术（如物联网、大数据、云计算、人工智能、机器学习等）集成到生产和运营中。这是较为基础的方面，在生产和运营流程中使用数字化和智能化技术进行改造，实现更高效率的生产。

（2）智能生产：通过使用先进的数据分析和自动化技术，实现智能化的生产流程和决策，提高效率、减少浪费并满足个性化需求。生产的智能化是数字化转型的另一重要内涵，改变传统的制造方式是制造业数字化转型的关键点之一。

（3）数据驱动：数据成为决策的核心，帮助企业了解市场动态、优化供应链、预测设备故障等，从而提高运营效率。数据驱动是现代数字化转型的核心内容，数据逐渐成为企业重要资产，数据指导生产和运营决策将是数字化转型的又一核心内涵。

（4）连通性和协作：数字技术提高生产过程中不同环节、设备、系统和团队之间的连通性和协作能力。降低信息壁垒，加速信息流通，提高连通性和协作性是数字化转型的重要内容。

（5）客户中心：通过数字化，企业能更好地了解客户需求、提供个性化产品和服务，与客户建立更紧密的联系。

2.1.2　制造业数字化转型的特征

近年来，国内学术界普遍将企业的数字化转型定义为数字化的技术应用和数据的科学分析融入生产经营的流程，这一过程依赖于现代信息网络进行传播和交互，以信息与通信技术的有效应用为经济增长和结构优化的重要驱动力。国外学者将产业数字化看作技术进步、商业和社会转型的显著标志，它展现了科技进步以及商业形态和社会转型的变革，这在全球范围内数字商业的增长和发展、经济机会以及社会信息变革中均有所体现（秦铸清等，2021）。产业数字化实际意味着对生产要素进行创新组合，对传统产业进行优化和升级，从而为经济注入新的活力，推动传统产业的数字化转型。美国经济分析局从多个角度对数字化转型进行了界定，其中包括基础设施的现代化建设、数字化交易的推广、数字媒体的转型以及数字化赋能的全面应用（刘航等，2019）。赵剑波等（2019）曾特别提出，数字化转型的内涵已经远远超越了单个产业的界限，扩展到了整个产业界、产业活动和治理领域的层面，包含数字化产业、产业数字化和数字化治理等。事实上，数字化转型的重要性和影响力已经渗透社会的各个层面，推动着各类企业和组织向数字化方向转型。另外，钱雨等（2021）在研究中发现，微观层面的数字化转型具有显著的平台化、数据化和普惠化特征。他们观察到数字化企业将数据收集和处理能力视为其核心竞争优势。更进一步地，制造业正在通过数据驱动的生产方式，实现数据化、标准化和联网化的转型，这一观点为我们理解数字化转型提供了新的视角。

数据是数字化转型的核心驱动力。作为第五大生产要素，数据不但是信息传递的媒介，而且还是继传统的生产要素（土地、劳动力、资本、技术）后，资源配置和信息传播中不可或缺的要素。数字化转型的推动，经常基于市场主体对获得数据的透明度基础上，让信息变得更加完全，使得微观市场主体综合管理水平得以提升，管理成熟度得到提高，从而提高全社会资源配置的效率。有学者发现，在数字化转型过程中，跨职能部门的协同对于数字化转型的结果至关重要（周剑和陈杰，2020；Earley，2014）。数字化转型面临的一大挑战是跨组织的独立性和协同不足，必须采取有效措施来解决（Maedche，2016）。那么，如果想要在现有资源的基础上实现创新，解决办法是成立新的独立组织部门或跨组织部门实现协同，这种跨部门协同也是数字化转型在微观组织层面的必然变化趋势（Seo，2017）。数字技术的运用也正在彻底改变政府治理领域，根据经济合作与发展组织（OECD）的观察，一般来讲，政府的数字化转型指的是将信息技术应用在政府管理的各个细分职能，包括结构、职能、工作流程、服务提供方式和文化，以重新塑造政府的职责和治理模式。Klievink 和 Janssen（2009）指出，这种转型不仅涵盖了政府组织内部的运营和管理，也影响了政府与公民之间的互动方式。

此外，孟天广（2021）从技术赋能和技术赋权的角度研究了政府数字化转型的要素、机制和路径。李文钊（2020）研究了城市数字化转型的多个方案，揭示了未来城市发展的趋势和实施路径，并探讨了城市数字化转型的未来走向和实现步骤。顾金喜（2020）则对生态治理数字化转型进行了研究，探讨了传统生态治理必须在价值、技术、模式和能力等多个维度如何进行重构等问题。赖红波（2020）认为企业数字化转型将有助于降低成本、提高服务效率，并增强消费者体验。邹帮山等（2002）就曾预见性地提出，数字化企业的核心是在运用数字化管理理念的基础上，利用通信技术、网络技术和人工智能技术的精华，以互联网为辅助工具，以客户为服务中心，在全球范围内参与经济活动。马亮（2015）以新加坡的"智慧国计划"为例，从政府管理、公共服务、教育医疗、环境保护等多个方面探讨了大数据技术如何创新公共治理。

结合前述研究，本书认为，制造业企业数字化转型是数字产业，如信息传输、计算机服务和软件业，与新一代信息技术相结合，为传统产业提供赋能的经济形态。数字化转型涵盖了企业的研发设计、生产制造、经营销售和管理服务等活动，数字化转型需要构建与之适应的数字治理体系以管理和规范数据与信息，这对企业、产业以及社会的全面数字化转型来说是至关重要的。数字化转型主要有如下特征：

第一，数据收集和使用已经逐渐成为制造业企业竞争力的重要组成部分。从宏观层面来讲，数据和信息被视为重要的战略资源，有非常大的开发空间，能推动数字化和信息化的发展。而互联网及现代信息技术的变革，包括数据传输技术的应用打破了过去物理层面的限制，促进了信息的互联互通，对数据的管理和使用提出了新的要求。

第二，数字技术的快速创新是经济发展的主要驱动力。数字技术的创新不断开启新的认知领域和推动经济增长的边界扩展，与过去有所差异的是，数字技术呈现出的增长模式已由线性转变为指数型，呈现出数量级不断增加的趋势，由此引发了颠覆性创新的持续涌现，带动着新科技的成熟与商业化进程，从而催生出众多新的产品、新商业模式或新业态，进一步推动产业生态的持续完善，为未来的发展提供了强大的驱动力。

第三，数字技术推动下的产业间融合呈现更加明显的趋势。数字技术和数据应用的深度渗透，推动了传统产业的变革和创新，产生了过去未曾出现过的经营理念，包括生产模式、管理模式和商业模式，这也导致了传统产业尤其是制造业与其他相关产业之间的边界变得模糊，这让传统产业和其他产业两者之间的融合变得可能。此外，新兴产业和业态，如人工智能、区块链和智能制造等也随着这种趋势的出现而得以不断推动和发展。

第四，数字化转型浪潮下的市场经济活动出现了全新的重要特性。通过现代通信网络，各相关方和制造企业紧密相连，关键的是，将顾客的需求深度融入企业的创新过程中，从而推动了个性化定制和柔性定制等新业态的快速发展，推动生产经营模式发生颠覆性变革。与传统经济模式不同，数字化转型变革了供需双方信息传递的方式和拓展了信息传递的渠道，通过供需融合改善了供需之间的信息不对称问题，提高了供需对接的效率，降低了交易成本并扩大了利润空间，进而促进了市场销量的增长。最终有可能让制造业企业的各相关方依托开放平台和生态系统，实现生态共创、优势互补，从而有利于整个制造业生态圈实现合作共赢。

2.2 制造业高质量发展的内涵和特征

2.2.1 制造业高质量发展的内涵

经济高质量发展涵盖了微观、中观和宏观层面。微观层面主要是产品或服务的质量、企业的管理成熟度或运营质量，中观层面则表现为产业发展水平，宏观层面则主要是维持经济体良好运转的、保持健康和稳定发展的经济增长质量，创新、协调、绿色、开放和共享等新发展理念构成了高质量发展的核心内涵（任保平和李禹墨，2018）。高质量发展在注重效益和质量的协调统一的同时，还体现了以人民为中心的发展思想，具有鲜明的时代特性，体现发展为了人民的宗旨（苏永伟，2020）。另有一些学者认为，制造业的高质量发展涉及制造业的质量改进、发展动力的增强和生产的效率提高等多个方面（戚聿东和蔡呈伟，2020）。黄速建等（2018）提出，企业高质量发展意味着企业追求高水平的经济价值和社会价值创造，以及打造现代化的发展范式或目标状态，一般这种发展范式和目标状态可以概括为高效率的企业持续成长和持续价值创造素质能力。

随着全球竞争加剧和技术创新的持续推进，单纯依赖数量扩张和低端制造已经无法满足经济发展的需求，因此追求高质量发展成了必然趋势。根据我国"十四五"规划提出的制造业发展规划和要求，结合我国制造业发展的现状和新的信息技术发展趋势，当前阶段制造业高质量发展的内涵主要包括：

（1）技术创新：不断推进科技创新，包括新产品、新技术、新材料等的研发与应用，以实现生产工艺和产品质量的持续提升。

（2）生态友好：强调在生产过程中采取环保、节能的技术和方法，减少污染，实现绿色制造，包括绿色生产的过程和绿色技术的投入两个方面。

（3）服务导向：将传统的产品制造与现代服务业相结合，提供增值服务，如售后服务、技术咨询、系统解决方案等。制造业的环节将不再局限于生产制造，更需要打通服务环节，提供更深层次的解决方案。

（4）全球化布局：不仅在国内市场追求高质量发展，还在全球市场进行布局，参与全球价值链的重新配置。

2.2.2 制造业高质量发展的特征

制造业的高质量发展是经济高质量发展的基本内容和重要内容之一。根据我国当前的制造业占国民经济的比重和受其影响的我国国际竞争力，制造业向高质量发展是当前必须解决的重大课题。党的十九大报告明确指出，制造业的高质量发展必须以供给侧结构性改革为主线，将增强制造业的创新驱动能力作为基本着力点，并把智能制造作为重要抓手，推动制造业在质量、效率和动力方面进行深刻变革。结合制造业高质量发展的要求和核心概念，从根本上，要在流程、质量、效率和动力方面实现有效变革，推动制造业高质量发展。通过推动生产要素和供需体系的协同创新发展，构建高质量的制造业产业生态系统。党的十九大报告首次提出"提高全要素生产率"，实际上它是新发展理念的重要组成部分，提高全要素生产率是制造业高质量发展的动力源泉。党的二十大报告则强调着力提高全要素生产率，着力提升产业链供应链韧性和安全水平。党的十八大就提出要大力推进生态文明建设，党的二十大则进一步强调推动绿色发展，促进人与自然和谐共生，推进"美丽中国"建设，绿色发展成为中国制造业高质量发展的重要组成部分。党的二十大报告明确提出"建设现代化产业体系""坚持把发展经济的着力点放在实体经济上"以及"加快发展数字经济，促进数字经济和实体经济深度融合，打造具有国际竞争力的数字产业集群"，让社会各界认识到大力推动数字经济和实体经济深度融合，对于推动制造业高质量发展、全面建设社会主义现代化国家具有重大意义。总的来说，加快产业结构优化升级，是制造业高质量发展的关键目标和重要目的。

综上所述，本书认为，制造业高质量发展必须具备以下四个主要关键特征：

一是生产要素效率的提高。一般来说，制造业的高质量发展需要重构整个生产和管理体系，对其生产要素结构进行必要调整和优化，这不但是原有传统生产要素的使用提高，而且需要注重数据这个新型生产要素的引入，结合数字化技术达成智能化、高效化生产，提高要素体系的供给质量，实现所有生产要素的协调一致发展，实现更有效地改善资源配置效率。技术创新的持续推动对于提升制造业的竞争力和效率来说是必要的，主要包括制造业企业的生产、销售、运营和管理等多个环节进行创新，这是提高制造业竞争力及效率的关键。通过技术层面的创新，根据市场变化做出相应的调整，以确保在不断变化的市场环境中保持灵敏，适应变化从而保持竞争优势。同时，制造业高质量发展必须关注质量效益的提升，通过技术手段不断优化产品性能和推动企业运营效率提升。

二是绿色技术的创新。绿色发展是当今世界的重要趋势，它强调的是可持续发展和环境保护的结合。在这种背景下，绿色发展对制造业高质量发展具有积极的促进作用，首先，绿色发展可以提升制造业的环保意识。传统的制造业发展模式往往是以牺牲环境为代价的，而绿色发展则强调对环境的保护和资源的循环利用。其次，绿色发展可以促进制造业的技术创新。绿色发展要求制造业在生产过程中减少对环境的污染和对资源的使用，这必然会促进相关技术的创新和研发。

最后，绿色发展可以拓展制造业的市场空间。随着人们环保意识的提高，消费者越来越关注产品的环保性。发展绿色制造可以满足消费者对环保产品的需求，提升我国制造业国际形象和提高制造业产品的附加值，增强制造业企业的市场竞争力。

三是产业的融合发展。制造业转型升级需要不断向价值链高端延伸、构建现代产业体系。向价值链高端延伸，意味着制造业需要关注技术研发、品牌建设、市场营销等高附加值环节，从而提高产品附加值和市场竞争力。这需要新科技的创新能力护航，促进产业的融合发展是必然的选择。不断将数字产业和制造业、服务业进行融合，从根本上促进制造业和其他产业的价值交换，具体包括数字化基础设施、新一代信息技术和制造业的深度融合以及制造业与服务业的融合发展，增强核心竞争力，提升制造业生产效率和附加价值，促使产品类型的多样化，加速推进供给侧结构性改革，进而助力我国的制造业向价值链中高端迈进。

四是产业结构的优化。为了推动高质量发展，制造业需要优化其产业组织结构。在传统制造体系满足大规模、大批量、高标准产品需求的同时，也能够通过数字化技术改造的智能制造体系，以满足人们个性化、小批次、多样化产品系统的需要，在此过程中技术和要素的投入将直接有助于产业结构调整，促进战略性新兴产业和高端制造业的快速发展，以此提高整体供给水平，从而实现产业组织结构的优化。

2.3　数字化转型与制造业高质量发展的研究

数字化转型主要涉及企业业务活动的信息处理方式和流程的升级更新，这种转型的本质在于对信息技术的创新和改造。无论是政府机构还是一般企业，都需要合理完善数据、系统、技术以及组织形式等方面的架构和布局，以适应数字化转型的变革。数字化转型通过增加数字商品信息的存储和使用、加速数据传播、转化数字信息为决策等方式推动企业发展。数字化转型是一个复杂的过程，应在不同节点观察数字化转型对企业价值的影响，随着外部经济环境和科技的变化，数字化转型也会不断演变。此外，数字素养和操作技能对于应用技术创新和加快数字化转型起着决定性的作用（Svahn et al.，2017）。在数字化转型的进程中，一种新兴的关键职能角色——首席数字官（Chief Digital Officer，CDO）正开始发挥重要作用（何伟等，2020）。同时，确保数据权益的明晰与维护数据安全，是实现这些作用的重要保障（冯博等，2023）。

从企业数字化转型机理的角度来看，影响制造业高质量发展的机制主要包括管理变革、流程变革和理念变革等方面，通过优化产品质量、服务质量、生产效率和生产要素重构来推动制造业高质量发展（李英杰和韩平，2021）。数字化转型对制造业高质量发展的影响机制和效应成为很多学者和管理人员的重点关注内容，分析探索数字技术和信息技术的应用方法和应用深度成为有效手段。有学者深入制造业的经营流程提出"经营生态—数字赋能—高质量发展"的分析框架，一般认为这是从微观上对企业的价值产出过程进行解构，着重指出数字化转型能增强传统生产要素的质量与资源分配效率，这些都推动了经济向高质量发展的转型（温君，2019）。此外，还有研究聚焦于大数据的赋能效应、数字化转型与制造业高质量深度融合、共享经济、数字金融以及政策供给体系等多个角度，以研究数字化转型对制造业高质量发展的影响。

实证研究领域，有学者对数字化转型对企业创新绩效的中间作用机制进行了深入探讨。研究结果表明，数字化转型能够积极推动企业的动态能力与创业导向，从而对创新绩效产生积极影响。数字化转型与个体遗忘、创业导向等因素之间也存在交互效应，并且在数字化转型和创新绩效之间扮演中介角色。深入理解这些机制对于促进企业数字化转型和高质量发展具有重要意义（赵涛，2020）。而产业的数字化转型通过推动产业升级，间接影响制造业的高质量发展。具体来说，数字信息技术的发展加速了产业融合，优化了制造业的产业结构布局，推进了产业数字化和数字产业化，从而实现了制造业的全面升级改造（黄令等，2023）。

从"数字基建"的角度来看，它是"新基建"的核心，具有促进企业高质量发展的影响机制和路径。"新基建"是为中国经济提供"赋能"的条件。从特征和内涵来看，"新基建"主要从三个方面来分析其在新时期对制造业高质量发展的推动作用：一是乘数效应和包容性增长，数字化的"新基建"作为固定资产投资，是最底层的应用，具有乘数效应，可以带动经济增长。相比传统基建，"新基建"更有可能促进经济的包容性增长。二是数字化转型的底层支撑，特别是数字化基础设施，在作为现代基础设施的同时，也为经济的数字化转型提供了底层支撑。这种数字化基础设施可以长期持续为经济提供助力。三是新动能和产业融合，"新基建"作为数字化平台，为经济发展提供新的动能，推动不同产业的融合发展，形成新的产业生态。这对构建现代产业体系和经济体系具有重要意义（郭朝先等，2020）。贾利军（2023）强调了数字资本品（如半导体芯片、数字媒体设备等）在制造业数字化转型中的重要战略地位。这种转型效应明显、范围广，且渗透性强。作者指出，在数字经济时代，谁能掌握关键的数字技术，谁就能在产业数字化过程中占据优势。

为了有效发挥"新基建"的赋能效应，需要平衡传统基建与"新基建"、建设与使用、政府与市场、创新与治理等方面的关系，从而促进中国经济的数字化转型和高质量发展。"数字基建"的推动力可以通过以下三个层面实现：一是动能转换，通过引入新的数字技术和信息化手段，将传统产业转向数字化、智能化方向，推动产业升级和发展。二是结构优化，通过构建数字化基础设施，如数据中心、人工智能、物联网等，优化经济结构，提高效率和生产力。三是效率提升，数字化基础设施可以提供更高效的信息传递、数据管理和资源配置方式，从而提升经济运行的效率（钞小静，2020）。"数字基建"的重要性类似过去的铁路、公路、机场等基础设施，对经济发展和社会现代化具有决定性的意义。它为经济发展提供了数字化支持和动力，对推动企业高质量发展和推进信息时代的现代化生活具有深远影响（黄群慧，2020）。

2.3.1　数字化转型和高质量发展水平的测度研究

随着数字化转型的飞速发展，5G、区块链和工业互联网等新兴技术崭露头角，快速渗透实体经济。"新基建"项目的快速推进和数字化技术的迅速发展为制造业的转型升级提供了强大的技术支持，并重新定义了制造业高质量发展的内涵。数字化转型不但是制造业升级的强大推动力，也是实现高质量发展的关键引擎。Ines 和 Noella（2019）强调，数字化转型是一个没有明确终点的持续过程，与传统电子政务项目不同，数字化转型没有明确的开始日期和结束日期，其完成状态难以测量和界定，也不存在固定的预算。这是一个持续反馈和加强的过程。在信息冲击和爆炸的时代，不断优化和调整服务和产品，是政务机构和企业保持竞争力的重要内容，不仅能提高公民满意度，而且能改变官僚主义作风和加强组织文化建设。王莉娜（2020）的研究指出，中国企业在数字化转型的深度和程度有较大不同，但是，从行业和企业特点来看，不同环境下的企业应用数字化技术和进行数字化转型，得到的结果也会有较大差异。罗仲伟和陆可晶（2020）提出，在当前的背景下，中小型企业应该积极运用数字化技术推动转型发展，并需要得到地方政府和社会力量的更多支持。沈运红和黄桁（2020）的研究把数字化转型水平拆分成三个层面进行研究：一是数字化应用基础，即基于信息技术的底层架构和系统架构；二是数字化产业作为单独产业的发展水平，这反映了数字化产业本身的潜力和张力；三是行业的数字化创新能力和研究能力，成为促进企业高质量发展的重要动力。但所有研究指出，企业的数字化转型对企业都有着正向影响。

数字化转型的测量研究在不同层面采用各种方法和指标，主要围绕产业层面、消费层面和个体层面展开。从产业层面来看，有多个方法可用于测量数字化发展。例如，腾讯研究院（2019）从数字中国、数字产业、数字文化和数字政务四个方面测量了中国的数字化发展水平，强调云计算在数字化发展中的推动作用，认为互联网产业是最具活力和发展潜力的。还有学者从信息通信技术产业的支持与数字化影响两个角度进行数字化测量（唐杰英，2018）。在消费层面，一些研究使用 ICT 的实际投资、总资本存量、网络基础设施、信息经济应用等指标进行综合测算，得出中国信息经济总体规模，指出信息技术将成为平衡区域经济、推动经济结构转型的支持力量。此外，一些研究通过整合各信息产业的增加值，使用 Goldsmith 方法进行测算，从而测量数字化转型融合部分（中国信息通信研究院，2020）。在个体层面，研究者运用问卷调查法，通过李克特七级量表评估便利性、兼容性、社会影响、用户革新性、自我效能感、满意度、信任度、使用频度和感知性的制度机制等维度，以测量数字化转型（程振锋等，2017）。另一些研究从战略、运营技术、文化组织能力和生态圈 4 个维度来评估企业的数字化发展水平（王瑞等，2019）。还有学者结合实际情况，提出了一系列评价指标来衡量企业的数字化成熟度，如数字战略顶层设计、研发过程数字化、生产制造数字化、物流数字化等（王核成等，2021）。

制造业产业的数字化和制造业的高质量发展是多个环节联合作用传递的两个系统，其中还包含了多个其他因素，如政策、环境等，但一般认为，产业数字化和企业的数字化转型对高质量发展是有明显的正面影响的。韦庄禹等（2021）的研究发现，数字化转型体现了区位异质性，从全局来看，制造业的数字化转型提升了全要素生产率，促进了制造业的高质量发展，但从不同区位和省份的企业来看，这种促进作用和促进效果在不同地区的企业间表现出了明显的异质性。邝劲松和彭文斌（2020）通过逻辑分析，强调了数字化转型对经济高质量发展的推动作用。从他们的研究中发现，制造业产业数字化作为数字经济与实体经济的高度融合平台，为制造业的高质量发展提供了源源不断的动力。同时，制造业的高质量发展也反过来为产业数字化的快速推广和转型提供了坚实的支持。然而，也有学者指出数字化扩张有可能产生不利影响，陈金丹和王晶晶（2021）的研究结果表明，加速产业数字化转型，发挥和释放我国超大规模市场的潜力，虽然有助于推动中国制造业的创新发展，但过度的数字化投资和需求扩张可能会导致对传统产业产生冲击、人才流失、信息安全和数字鸿沟等方面的不利影响。

　　一些学者在双循环新发展格局的背景下探讨产业数字化与制造业的高质量发展问题。樊纲（2021）的研究结果显示，数字化转型是促进双循环发展的强大新动力，同时也是制造业发展的一个重要战略方向。左鹏飞和陈静（2021）则认为，数字化转型推动中国经济实现高质量增长，同时有助于构建双循环新发展格局。蓝庆新和赵永超（2021）在探讨数字化转型与双循环之间的深层联系和影响力路径时，认为在产业数字化方面，它已成为推动内循环发展的决定性因素。数据资源正在成为强化内循环、促进双循环的引领型、功能型、关键型要素，数字化转型为推动双循环的关键驱动力。李天宇和王晓娟（2021）提出，数字化转型有望推动双循环发展模式的构建，激活数据要素潜能，为双循环格局提供强劲动力，进而催生新发展环境下的高质量经济发展动态运行体系。赵春明等（2021）认为，数字化转型推动双循环的形成，主要通过三个途径：激发市场内的需求动力、增强国内产业的支撑能力以及提升对外贸易的竞争力。何伟等（2020）认为，"互联网+"行动以及我国"十四五"规划需要充分挖掘数字化因素的发展潜力，推动企业数字化转型与生态文明建设相互融合，优化现有的"互联网+"政策支持机制，从而进一步推动社会经济企业的数字化转型向着更高水平迈进。

　　已有研究表明，人工智能对发达国家的经济增长和全要素生产率的提升具有不可忽视的推动作用（曹静和周亚林，2018）。因此，数字化转型为中国的高质量发展带来了新的契机和动力，通过多种方式为中国的高质量发展注入了新的活力。从企业角度来看，传统的沟通交流方式容易造成企业内部各部门间的信息不完全、不对称问题，可能会造成利益冲突等一系列不利影响，既不利于资源配置效率提升，也不符合社会分配公平公正的基本原则（Akerlof，1970）。然而，在当前的互联网信息时代，信息交流的效率得到了极大的提升，而信息传递的成本也大幅降低。Stevenson（2009）等学者认为，互联网为劳动力市场构建了更为平衡和广泛的信息传播途径，供需双方有了更加对称的信息渠道，从而增加了失业者重新找到工作的可能性，同时也为在职人员提供了更多职业发展的机会。

范合君和吴婷（2021）采用了 2014~2017 年的省级样本数据，从生产、消费和流通三个维度构建了数字化的评估指标体系，运用 DEA-Malmquist 指数法计算了各省级行政区的全要素生产率指数，以衡量经济发展的质量的标准，此外，通过对全要素生产率指数进行分解，得到了技术效率变动指数和技术进步变动指数，以探索数字化对高质量发展的作用机制。研究结果显示，数字化进程显著促进了中国经济的持续增长和高质量发展。值得注意的是，数字化明显提升了全要素生产率和技术效率，但对技术进步的推动作用并不显著。

数字化和高质量发展的理念在学术界已获得广泛认同，采用全要素生产率来测度高质量发展与可持续发展成为很多学者的共识（杨万平等，2015）。针对生产率的测量，尹向飞和段文斌（2017）创新性地将 DEA-Malmquist 指数法应用于衡量不同阶段的效率变化与全要素生产率之间的关系。与此同时，有学者采用了 Network-IOSP 指数法和 SBM（Slacks-Based Measure）生产率的思想，将全要素生产率分解为生产阶段和治理阶段作为第一阶段，进一步在第二阶段进行再次分解，将其再细分为技术进步、效率改进以及各阶段的技术进步和效率改进（尹向飞和欧阳峣，2019）。

党的十九大提出建设富强民主文明和谐美丽的社会主义现代化强国的目标，生态文明建设在"美丽中国"中的重要性得到了进一步的提升，绿色化也成为我国制造业高质量发展的一个重要方向。工业 4.0 背景下，数字技术的应用可以有效地减少资源和能源的消耗、浪费和减排，实现清洁生产。通过数字化技术的精准控制，企业的数字化转型可以在生产过程中实现资源的优化配置，降低能源消耗，减少环境污染，实现绿色制造和绿色发展（Ghobakhloo，2021）。

党的二十大报告指出，要"加快推动产业结构调整优化"和"加快发展数字经济，促进数字经济和实体经济深度融合，打造具有国际竞争力的数字产业集群"。产业结构优化调整作为全面建设社会主义现代化国家的重点任务，以产业间结构优化、产业内部技术结构演化为主要发展方向建设现代化产业体系是"加快构建新发展格局，着力推动高质量发展"的一项重要任务，其重点之一在于推动产业结构转型，加快产业结构优化升级，促进新旧动能接续转换，为制造业高质量发展蓄势赋能（戚聿东和褚席，2022）。工业化后期，要以产业结构转型推动高质量发展。具体来看，一是要保持制造业比重基本稳定，明显提升高技术制造业比重，加快推动现代服务业和制造业尤其是先进制造业的深度融合。二是要加快形成服务型经济新形态。服务型经济形态的重要标志是制造业服务化，是制造业价值形态的进一步提升，并不意味着对制造业的挤出，而是要大力发展科研与技术服务业，提升生产性服务业与其他产业的融合水平，提高现代服务业中生产性服务业的占比。三是要着力形成数字经济新优势，不断提升数字经济核心产业增加值占比，进一步巩固数字经济发展的优势；明显提升数字经济产业渗透率，尤其是推动实现制造业数字化转型；着力缩小城乡、区域间的数字化发展水平。

综上所述，很多学者认同制造业高质量发展以全要素生产率为测量尺度，而在数字化转型背景下，需要克服高质量发展以全要素生产率单一测度的问题，结合国家在工业化后期的战略发展方向，本书主要将数字化转型对制造业高质量发展的影响机制主要集中在生产效率、绿色发展、产业融合和产业结构升级这几个维度。

2.3.2 数字化转型对制造业企业生产效率影响的研究

20世纪80年代初，国外学者开始探讨数字化转型对企业生产率变动的影响。代表性的经济学家，如Stiron（1998）和Jorgenson等（1999）在论文中提出了信息通信技术与经济增长的理论，为信息经济的数字化转型提供了坚实的分析基础。他们将ICT（信息与通信技术）对经济增长的影响分为两类：一是ICT产品价格下降导致的替代效应，由于ICT产品价格的持续下降，会对其他产品产生替代效应；二是将ICT产品应用于其他领域，从而增强各要素间的协调性，发挥要素协同效应，进而提升全要素生产率。但过去相当一段时间，相关研究认为信息技术的普及和应用对经济没有显著的促进作用，甚至因为出现与预期促进相反的结果而产生了"生产率悖论"。Solow（1987）认为计算机带来了广泛变革，但这种变革在生产率数据中没有得到明显的体现。David（1990）则指出信息传输的边际成本被低估且缺少超加性（Super additivity），导致衡量信息产出和分配的困难。

进入 21 世纪初的第一个十年，数字创新和人工智能的发展对经济和社会产生了新的影响，这种影响延伸到今天已经无须过多讨论，但在十多年前，学术界把这种经济层面的估算作为一个重要议题。Aeppelt（2015）等学者认为生产率下降并非产生于生产本身，而是源于核算方式的滞后，未能充分体现数字化转型做出的贡献。Fernald（2015）的研究表明，生产率下降主要发生在生产或广泛应用信息技术的行业，从而判断数字化转型发展引发了生产率下降。Bean（2016）指出，在数字时代，计算能力的提升、信息的数字化以及连接性的增强使经济交易方式发生了深刻变化。这不仅给传统商业模式带来冲击，同时也模糊了经济活动的地域特征。然而，现有的 GDP 指标主要关注传统经济活动，难以适应这种新变化，因此可能会忽视数字化转型做出的贡献，低估国民收入。在数字化改善生产效率的基本机制中，数字化、互联网化和智能化的技术革新已经对传统产业产生了积极的转型影响。通过这些先进的技术手段，实现了产业的优化和升级，进一步推动了经济的发展。樊自甫（2022）通过研究我国上市公司数据，认为制造业数字化发展的核心在于企业的全流程管理变革，包括产品设计、制造、销售、库存管理和售后等环节。为此，应广泛应用互联网、大数据、物联网和人工智能等数字技术，以推动企业生产的数字化、网络化和智能化。这些措施将有助于优化生产组织模式，提高企业的生产和资源配置效率。

数据要素与其他生产要素的深度有机融合，形成了新的经济形态，极大地促进了新兴产业、创新业态和商业模式的发展，这也是改善企业生产效率的重要机制（黄群慧，2020）。这一机制主要体现在以下几方面：首先，数字技术的应用会潜在地要求数据要素得到充分应用，而数字技术本身的特性会使企业扩大经营范围，并模糊业务边界。数据的高流动性本身促进了企业的生产经营效率。其次，企业的数字化转型从市场营销角度能极大地帮助企业提高产品影响力和品牌影响力。在数字传媒的普及和信息全领域流通的今天，要快速打开市场，提升销售能力，数字化技术和手段已经成为必选项。尤其对于资源和规模较小的企业来说，数字化信息化是企业打破大企业市场垄断的重要手段和有效方法。最后，就企业本身的生产管理而言，数字化能大幅提升效率，数字化的生产是一个现代企业的重要标志。

Bharadwaj（2000）认为数字技术对于社会发展的意义很大程度在于其对于加强社会组织沟通协作的作用，能提升社会整体的运行效率。进而认为数字技术对于管理机构的组织能力有显著的价值，能降低沟通壁垒，增强组织协调能力。据 Torrisi 和 Gambardella（1998）的研究，数字技术的应用不仅本身能加速生产要素的流动，还能在与其他业态产业的融合中，形成新的行业和产业，成为激发组织活力的新动力。这些新的经济领域本身就是基于数字技术的应用而出现或者发展起来的，数字化是这些业态产业竞争力的核心，数字技术的基础和关键作用更加明显（乔晓楠和郗艳萍，2018）。数字技术的重要机制是重塑生产组织结构以及实体经济要素体系。这种影响不仅限于产业发展，更深远地影响了产业转型升级，为其注入了新的动力。与此同时，这种技术还在产业内涵和领域上带来了新的拓展，进一步推动了行业的进步（张于喆，2018）。此外，数字技术进一步对社会机构组织生产要素产生了重要影响，其应用深刻地改变了组织者及相关生产要素的整合逻辑，实现了业务流程的优化和管理水平的提升。在数字化转型的进程中，数据新型要素的地位越发凸显，为不同行业的各生产要素都提供了前所未有的新发展机会，这些生产要素通过实体经济重新组合，突破了原来的增长瓶颈，打破了传统发展模式下的各种桎梏，实现自身价值的重塑和变革，这种因数字技术应用而引发的生产组织架构和经济发展要素体系的变革也被视为"创造性的破坏"（赵振，2016）。

根据 Sébastien 和 Georges（2019）的研究，他们调查了 193 家中小企业，得到了一些不一样的结论。调查结果显示，虽然数字化程度与企业的绩效显著正相关，但数字化信息的应用与员工的绩效并没有明显的相关关系，而与企业的管理效率和管理水平呈现明显的正相关关系。

有学者认为，数字化转型是通过数字技术的利用，从根本层面上提升企业的效能或者影响力。在各种行业里，高级管理人员正在运用分析、移动、社交媒体以及智能嵌入式设备等数字技术，还有对传统技术的升级，进行企业内部的变革，以重塑客户关系、优化内部流程以及创新价值主张（Westerman，2011）。

Ghasemkhani 等（2014）曾提出，数字化技术的运用对企业的盈利有显著的推动作用。在研究中，他发现当一个企业具备合理、完善且熟练的数字化技术体系时，其利润比同行业的其他企业高出了大约20%以上。这或许表明，数字化转型使企业能够以更加科学、高效的方式运营，数字化工具和手段可以为企业带来科学可靠的决策依据。

一些学者持有信息增值论的观点，他们认为企业通过信息化投资可以提高绩效。例如，Lichtenberg（1991）使用传统经济学中资本、人力和生产系数的柯布—道格拉斯生产函数来衡量信息化投入对美国生产企业的作用，结果显示信息化水平与生产结果呈现正相关，信息化资源投入越多的企业，其单位资源投入产出也会越多，主要是通过效率提升来实现。类似地，根据 Li 等（2017）和 Bharadwaj（2000），信息化投入能有效降低企业的运营成本。

有关实体企业数字化变革对绩效影响的文献大多在近些年出现，主要集中于数字化变革或转型如何提升经营效率和降低成本，以及相关的路径。国内学者熊先青等（2020）和胡青（2020）对国内民营企业的数字化转型研究发现，首先数字化投入能显著降低企业的生产成本，减少生产经营过程中的非必要损耗，其次数字化转型能有利于企业的战略转型，提升企业内部学习氛围和提升员工开放的工作思路。对于规模较大的企业，还能提升部门间的沟通和协作效率。何帆和刘红霞（2019）同样发现，对于坚定实施数字化转型的企业，其生产效率和运营效率会得到明显提升，不仅如此，数字化转型能提高企业的创新性。

然而，部分研究得出的结论有所不同。戚聿东和蔡呈伟（2020）通过文本数据的分析，主要针对非创新型企业进行了数字化转型的研究。他们认为，对于这类偏传统的企业而言，数字化转型对企业的影响和路径是复杂的，其结果也并非简单的提升效率或者降低效率。更进一步地发现，数字化转型在管理和销售上的效果相反，基本能抵消。郭馨梅等（2020）的研究结论显示，由于在数字化转型的早期阶段需要在包括软硬件、网络信息维护及专业团队搭建等方面的大量投入，同时技术进步所带来的影响尚未完全显现，因此数字化转型对于企业绩效的影响并不算显著。熊曼辰等（2023）选取了10个制造业行业的100家上市企业作为研究对象，时间跨度为2015~2020年，旨在分析数字化转型如何影响企业绩效，结果显示，初始阶段，数字化转型对企业绩效有显著负向影响，但这种影响随时间逐年减少，并开始逐渐出现正向影响，尽管这种正向影响不显著。数字化转型能够通过提高生产效率来提升企业绩效。尽管数字化转型能降低营业成本率，但并未促进企业绩效的提升，反而呈现下降趋势。政府补助可以正向调节数字化转型对企业绩效的影响。

2.3.3 数字化转型对制造业企业绿色化发展的研究

绿色制造作为绿色发展的关键组成部分，美国制造工程师学会在1996年就撰写了《绿色制造蓝皮书》，提出了多种说法来描述绿色制造，如清洁制造、注重环保的制造、环保责任制造、全面环境质量管理以及工业生态等。绿色制造可以被定义为一种系统，通过将产品设计、工艺流程设计以及生产规划和控制进行紧密结合，旨在减少和最小化环境影响以优化资源利用率。它通过鉴定和量化环境废物流，并对其进行合理评估和管理，同时注重对环境的保护和资源的有效利用（Handfield et al.，1996）。

美国卓越制造协会（AME）和美国环保局（EPA）通过案例研究，提出了一个观点，即绿色发展绿色制造是企业实现可持续发展的重要方式。通常要实现绿色制造需解决生产制造过程中的几个问题，包括生产制造的环境友好问题、生产制造的环境保护问题以及如何实现资源的优化利用问题。在近十几年，国内的研究人员也对于制造业的绿色化发展进行深入的研究，而且基于国内的政策、环境和企业特点，得到了更有意义的成果。对于绿色制造的定义，相关学者给出了相对先进和全面的定义，即绿色制造不仅是对生产结果的评价，更是对整个生产制造过程中，关于资源利用的优化、环境友好、再循环体系的设计和关注，能减少生产制造过程对于环境的负面影响，实现从微观到宏观的绿色化发展。这不仅有助于企业实现经济效益的提高，也有利于社会整体效益的优化，从而达到两者效益的协调一致（牛同训，2010）。徐德龙院士曾指出，绿色制造是一种先进的制造模式，它全面考虑了人类的需要、环境的影响、资源的效益以及企业的利益，被认为是一种对可持续发展具有高度社会责任感和伦理道德心的生产方式（徐德龙，2016）。

企业数字化促进绿色技术创新的问题在学术界引起了关注。宋德勇等（2022）进行的一项研究，采取了无形资产数据来测量企业的数字化水平，同时通过分析上市公司年度报告中的"管理层讨论与分析"部分中数字化词汇的频率来度量企业的数字化水平。此外，他们还使用网络招聘的大数据进行了验证。该研究主要针对重污染行业，探讨了企业数字化对绿色技术创新的影响，并分析了上市公司专利申请数据来研究其微观作用机制。研究发现，企业数字化成为推动绿色技术创新的关键途径，主要表现在优化信息共享和知识整合水平上产生的促进作用。特别是对于那些高度重视环保投资并受到地区环境规则制约较大的企业，数字化产生的绿色创新激励效应尤其显著。这项研究揭示了数字化如何促进绿色技术创新的机制，为未来经济绿色转型和可持续发展提供了重要的参考和启示。黄玉妃（2023）研究指出，要扎实推动制造业的高质量发展，绿色创新是其中的核心和关键方面。技术的持续进步、政府政策的优化能有效促进绿色创新的发展。数字化转型对绿色创新研发绩效、绿色制造绩效和绿色服务绩效有显著影响。数字化水平在数字化技术转型和数字化效益转型方面具有正向调节作用。

尹西明等（2023）以 2011~2019 年中国 A 股上市的制造业企业为样本，采用负二项回归模型进行实证分析，发现数字化资源投入部分地中介了数字化战略对企业绿色技术创新能力的提升作用。此外，企业的产权性质在这种中介关系中起到了调节作用。与国有企业相比，民营企业在数字化资源投入向绿色技术创新转化的阶段具有更高效率。

2.3.4　数字化转型对制造业企业服务化发展的研究

过去学者把制造业服务化这个概念定义为一种形态转变过程，制造业企业从单一提供产品的模型转变为产品与服务结合的模式，这种转变包含产品、服务及"产品+服务"的模式。Reiskin 等（1999）进一步将制造业服务化定义为企业从产品生产向服务提供的转变，强调了企业从关注产品本身到关注服务提供的转型。为了更准确地描述制造业服务化，Makower（2001）认为从产权属性来看，制造业服务化是将出售的产品转移到服务相关的内容，并不是产品的所有权转移。Szalavetz（2003）则从两个方面来解读制造业服务化。霍鹏（2023）研究分析了从工业化早期阶段到当前数字化时代，服务业与制造业的融合演化过程。指出了技术创新和进步是产业融合的先导因素，强调了现代服务业与先进制造业在技术共享、转化上的互动。提出了四种融合路径：两业自主融合型，适用于经济发展水平高、产业发育程度好的地区，如北京、上海、广州；服务制造融合型，适用于浙江、江苏及成渝地区等产业基础好的地区，强调现代服务业在技术创新与产业数字化转型方面的作用；制造服务融合型：针对辽宁、山东、河南、陕西等地区，提出了先进制造业服务化转型和现代服务业发展策略；政策主导融合型：适用于西北、西南地区，需要政府发挥主导作用，通过优惠政策等措施推动两业融合。

首先，在生产制造的过程中，产品已经逐步无法满足市场的需要，企业必须提供包括产品在内的其他服务才能满足客户的需求。其次，以产品为核心的服务在消费者需求方面的产生作用不断增强，表现在这种服务会针对性地满足消费者不同的偏好。Toffel（2008）提出，制造业服务化是一种独特的新型经济模式，具备以下四个核心属性：一是企业以提供功能与服务的形式向消费者出售产品，而不仅仅是关注产品的实体；二是消费者主要根据所使用产品或服务的效果进行支付；三是与一般出售模式不同，企业保留了对产品的所有权，并未将其所有权转移给消费者；四是消费者由于没有产品的所有权，对产品的感受也有所区别。制造业服务化是一种对产品定义的变革，是对出售商品泛化和适应市场的结果。从不同层面来看，它可以表现为微观企业为优化产品竞争力而采取的差异化服务化策略；也可以表现为中观产业为优化产业结构而进行的服务化升级，使制造业向具有更高附加值的价值链延伸；还可以表现为宏观经济增长中出现的新趋势，以及知识经济发展到一定阶段后的必然产物。

数字化转型的发展以及企业的数字化转型为我国制造业企业实施服务化并提升其在价值链上的地位提供了有利的机遇。在张远和李焕杰（2022）的研究中，以微观企业为研究目标，设计了一个能有效衡量制造业企业数字化转型的指标，发现制造业服务化能对企业的经营效率产生积极影响。此外，如果市场对于知识产权保护比较好的制造企业，在数字化转型过程中更容易提高服务化水平。研究还显示，数字化转型不仅可以直接推动制造企业的服务化进程，还可以通过影响和改变组织结构，对制造业的服务化进程产生正面影响，不过技术创新的作用在服务化过程中的影响力相对较小。更深入的分析还揭示，数字化转型能显著提升制造企业的资源分配效率。

张远和李焕杰认为推动制造业企业的数字化转型，促进其向高质量的服务化方向发展，需要采取以下措施：首先，需要建设企业云平台，创建综合工业互联网平台，为工业互联网的发展打下基础。通过这种方式，制造企业可以更好地实现产品与服务的融合，提高生产效率和客户满意度。其次，制造企业应该在产品升级和服务化之间找到平衡点，根据自身的发展需求选择适当的路径和产业升级方式。技术创新是推动企业发展的关键因素之一，但过度追求技术创新可能导致资源浪费和市场错位等问题。因此，制造企业需要根据市场需求和自身能力，合理分配技术创新和服务的资源投入，实现经济可持续发展。同时，从政府管理的角度来看，首先，需要加强知识产权保护工作，严厉打击侵犯知识产权的行为，完善相关法律法规。其次，对于数字化转型力度较强的企业，应该给予适当的税收优惠和减税支持，同时引导金融机构投资和关注这类数字化转型的制造业企业。最后，要打开制造业企业的运营思路，通过金融手段促进制造业企业快速发展和转型升级（张远和李焕杰，2022）。

总体而言，数字化转型是企业运用数字技术改进业务、革新商业模式和组织流程的实践过程（Kwonkh，2018）。它为制造业服务化提供了有力的推动力，并在提升企业在价值链上的地位以及促进可持续发展方面发挥着重要作用。数字化转型不仅能够提升企业的经营效率、降低成本，改善组织结构，还能在促进企业创新方面产生积极作用。这种融合的影响机制十分复杂，但无一不对制造企业的服务化产生了深刻的影响。在未来发展前景较好的产业中，制造业与服务深度融合的产业将占据大部分份额。

在资源基础观的视角下，当企业在资源有限的情况下进行服务化转型时，可能引发资源和组织之间的冲突。为化解这一矛盾，企业需要通过战略一致性原则来调整策略和优化资源利用（孙晓华和郑辉，2019）。

综上所述，数字化转型通过数字技术的应用，可以增强制造企业提供替代型服务的能力。通过搭建数字化平台、构建个性化解决方案和实现产品与服务的融合，制造企业能够更好地满足消费者需求，推动企业服务化的发展。

2.3.5 数字化转型对产业结构升级的研究

产业结构升级是我国实现可持续高质量发展的重要动力，大多研究主要聚焦于产业政策、投资、市场一体化对产业结构升级的影响（韩永辉等，2017；赵云鹏和叶娇，2018；陆远权和张源，2022）。未来数字化转型将在这一进程中扮演着关键角色，数字化转型不仅能够推动产业结构升级，而且这种推动效应还呈现递增的特点。数字化转型的崛起，尤其是以信息技术为核心的新一代科技革命，为我国制造业的升级提供了重要路径（汪晓文等，2023）。

信息技术作为数字化转型的基础，对于促进产业升级有着重要的作用。数字产业引领的生产技术和商业模式创新，为传统产业的数字化转型提供了核心支持。当前，新一代信息技术的突破创新，带来了数字化转型的快速发展，为我国的产业升级带来了巨大机遇。尤其是在新冠疫情期间，传统产业受到冲击，而数字产业却迎来了爆发式增长，推动传统产业进行数字化转型升级（郭克莎和田潇潇，2021）。数字化转型所带来的产业结构升级效应已经在实践中得到体现，尽管目前关于数字化转型对产业结构升级影响的理论研究尚不充足。

从信息通信产业与其他产业的相互影响、溢出效应和扩散效应来看，数字化转型显著地推动了我国的产业结构升级（吴继英和李琪，2022）。在数字化转型水平较低的情况下，其对产业结构升级的推动作用仍然受限。然而，随着数字技术的不断发展，数字产业与传统产业的融合会变得更加紧密，数字化转型对产业结构升级的推动作用也将不断放大。数字化转型在我国产业结构升级中扮演着至关重要的角色，通过引领数字技术的应用与传统产业的融合，将进一步促进我国经济的持续发展，推动产业结构升级，为我国的可持续发展注入强大的动力。未来数字产业与传统产业融合渗透的深度和广度会不断提升，数字化转型、产业数字化对产业结构升级将发挥出巨大的溢出效应。

2.4 现有研究的述评

针对数字化转型与制造业高质量发展之间的关系，现有研究取得了一定的进展，特别是制造业企业的数字化转型对企业高质量发展的多维度影响研究，为本书提供了可靠的理论与实证支持。但是，需要说明的是，已有研究仍存在以下四个方面的不足：

一是数字化转型的机制和动力研究尚待深入。从制造业企业数字化转型的机制角度来看，一般认为包括质量变革、效率变革和动力变革三种机制，但具体实现方式以及在企业层级中如何逐层传导影响产出的细节仍显模糊。更多实际案例和与当前社会经济环境相符的论述能够为这一问题提供更明确的阐述。制造业的发展阶段不同，企业进行数字化转型的成本和难度也不同。数字化转型的动力主要来源于两种途径：主动和被动。主动的数字化转型通常由管理层从上至下推动企业改革，具有明确的方向和目标。与此不同的是，被动的数字化转型更多是为了在市场竞争环境中的应对而采取的应激性行动，其转型的深度和广度受限。然而，现有文献对这两种情况的区分较少，因此导致关于数字化转型对企业发展影响的研究结果存在差异。

二是关于数字化转型如何促进制造业企业高质量发展，目前还存在不明确的问题。我国制造业企业大多数仍处于数字化转型的初级阶段，这需要较长的时间来进一步推动和完善。数字化转型对制造业企业绩效、服务、绿色创新等方面能力提升的影响而言，有关意见并不一致。虽然大多数人认为数字化转型在生产和管理方面会产生显著影响，主要体现在缩短生产周期、提高产品和服务质量以及降低生产管理成本等方面，但也有观点认为前期投资过高可能导致从利润角度看影响并不明显。从制造业企业的高质量发展和长期发展角度来看，数字化转型显然是具有积极意义的，其价值不仅局限于利润。然而，从现实角度来看，如何有效地进行数字化转型仍然是一个重要且具有挑战性的问题。

三是目前在微观层面上，关于企业如何进行数字化转型尚未达成明确的结论。现有的研究大多是从理论层面进行分析，数字化转型或数字化投入在推动制造业高质量发展方面，尤其在探讨产业数字化与制造业高质量发展之间的关联时，仍存在着复杂且难以明确界定的关系。难以解决内生性问题。在我国当前的情况下，企业的数字化转型面临着风险和不确定性。特别是对于制造业而言，由于其本身的利润空间较低，加之数字化转型的前期投入较高，结果的不确定性使得如何进行转型变得尤为重要。通过微观企业角度刻画制造业高质量发展的研究仍然较少，主要还是以制造业企业的经营视角方面的效应分析，如上市公司的绩效、技术创新或资本市场表现等方面，而不是对制造业的高质量发展方面。

四是企业的数字化转型水平评价体系不够完善。对于构建企业数字化水平评价指标体系仍然存在不足。虽然已经存在一些数字化评价指标，但它们主要集中在生产和销售环节的互联网化或线上化方面，而对于数据资产的关注仍然不够，并且缺乏对企业利用生产经营过程中的数据积累自我优化的能力的研究。

第3章　数字化转型影响制造业高质量发展的机理探究

3.1　理论基础

3.1.1　信息生产力理论

信息生产力理论主要研究信息技术（Information Technology，IT）如何影响和提高生产力。信息生产力是运用信息技术手段创造、采集、处理、使用信息并获得信息资料的水平与力量，反映了生产力的高度智能化、网络化、高渗透性等特征（孙海芳，2007）。信息生产力理论融合了信息理论、古典生产力理论、马克思生产力理论，包括劳动资料、劳动者从事的信息劳动的虚拟化，以及劳动对象经历数字化转变等在内的相关要素，为信息技术作为影响生产率的关键技术因素，提供了坚实的理论基础（陈小磊，2020）。随着计算技术的普及和进步，信息技术对组织、产业和整个社会的生产和运营方式产生了深远影响。从信息技术与生产力的关系角度来看，信息技术的引入和发展可以提高整个社会的生产效率，减少浪费，提高资源的使用效率，从而提高社会的总体生产力。从微观角度来看，信息技术可以帮助组织优化生产流程、提高产品和服务质量、减少生产和运营成本，从而提高组织的竞争力；从信息技术的溢出效应看，除了直接提高生产力，信息技术还有溢出效应，即通过引入和使用信息技术，组织可以获得新的知识、技能和能力，进一步提高其创新和竞争力。例如，通过数据分析和挖掘，组织可以发现新的市场机会和客户需求，从而开发新的产品和服务。从组织变革与生产力的角度来看，信息技术不仅仅是一个生产工具，它还可以带动组织的变革和创新。这意味着，为了充分发挥信息技术的生产力，组织需要进行深层次的变革，如调整组织结构、流程和文化，培训员工，引入新的管理方法和战略等。从制造业数字化转型的视角来看，制造业要实现现代化生产和产业结构升级，需要重视和应用信息技术，制造业企业在生产流程和管理流程的数字化，能够从根本上改变企业的生产效率和竞争力，进而提升整个产业的生产能力。但同时，这种改变不是基于简单的流程或者生产方式改造，需要从深层次的思维和企业战略层面将数字化融入生产的全流程。

信息生产力理论阐明了企业数字化和高质量发展的基础关系，是本书的研究基石。已有研究指出，我国整体上不存在信息技术的生产率悖论问题，即信息技术能够显著提升企业的生产率水平（何小钢等，2019；王贵东和杨德林，2023）。鉴于此，在信息生产力理论的支持下，本书通过机制分析和实证探究了制造业在数字化转型，即信息技术应用后对于制造业企业全要素生产率的影响。

3.1.2　产业结构理论

在经济领域，产业结构这个概念最早出现在 20 世纪 40 年代，产业结构理论对于国民经济的认识属于结构论，即在某一个阶段，产业间发展存在一定的结构不平衡，有部分产业会起主导作用。这种"结构"效益是狭义的产业结构理论所强调的核心内容。产业结构理论侧重对于产业投入与产出之间的效率分析，过于关注传统经济学理论中的生产效率部分。广义的产业结构理论包括了狭义的产业结构理论和产业关联理论。这些理论为我们提供了理解和改善经济产业结构的基本框架，从而有助于我们更好地理解和规划经济发展。

英国经济学家克拉克在总结、吸收前人研究成果的基础上，对多个国家和地区的产业结构、产品人口和产业变化趋势进行了研究，认为产业结构的变迁都遵循一个相对稳定的路径和规律，即产业人口主要从第一产业向第二产业再向第三产业转移的现象，即克拉克法则。这个法则的前提是国民经济不断向上发展，产业规模不断扩大。库兹涅茨也在 1941 年阐述了他的观点，在对大量历史资料进行研究后发现，一个国家的经济发展过程中，第一产业的人口会不断下降，第二产业和第三产业的劳动力占比总体呈现上升趋势；国内生产总值的结构也同时发生变化，个人和政府消费的比重此消彼长。美国哈佛大学教授钱纳里认为工业化是整个经济系统的一个特征，初级产品生产份额的下降由社会基础设施份额以及制造业份额的上升所弥补，同时工业就业的增加远远低于农业就业的减少。结合上述理论可知，产业结构演变不仅是劳动、资本等传统要素密集型向技术、知识、数据和信息等要素密集型转变的过程，而且还是产业结构高加工度化和高附加值化的变动趋势，进而实现制造业企业产业结构升级。

从产业结构理论角度来看，制造业的数字化转型将促使制造业产业向高端制造发展，制造业经过数字化的生产改造和管理改造，不再是传统的生产制造，而是促进了制造业向服务业的延伸。本书通过克拉克法则以及计算泰尔指数构建了产业结构合理化指数，证明了制造业产业的数字化转型水平对产业结构升级产生了显著影响，并分析了其机制。

3.1.3 产业融合理论

产业融合是指不同的产业在时间和空间上处于不同维度的产业，逐步渗透、包容发展的模式。这种融合的发展通常以业务核心为导向，以适应市场环境和经济环境为背景，阶段性地体现出融合的特征，一般而言会呈现低端产业被高端产业融合、实现产业升级的知识运营增长方式、发展模式与企业经营模式。美国学者 Rosenberg（1963）最早提出了产业融合的概念，他指出技术创新模糊了产业边界，促使产业融合。Negrouponte（1978）指出随着网络技术和信息技术的发展，数字技术的深度应用会逐渐推动相关产业的融合。事实上，产业融合的提出与信息化进程中数字技术的发展密不可分。

信息技术在与其他产业融合层面，已经与金融业、传媒业实现了高度的结合，在与制造业的产业融合方面本身具有非常大的发展空间与潜力（植草益，2001）。因数字技术取得较快的进展，远远超出了一般政府所能适应的范围。早期数字与信息技术在电信、广播和传媒等领域出现了快速的应用，与此同时，政府也正处于一个推动创新发展并实施管制宽松的整体阶段。因此，受到技术进步和管制放松等因素的影响，产业融合通常是以技术融合为驱动力，来实现不同产业之间共同边界的连接、互联与协调发展，制造业与服务业融合是典型的产业融合表现形式。此外，随着互联网信息技术的快速发展，大数据、人工智能等数字技术应用促使产业之间实现互联互通，并加快了数字技术与要素流动、生产方式的深度融合与渗透，为产业融合发展提供重要驱动力。

本书将以产业融合理论为基础，探究制造业数字化转型水平在区域上导致的制造业与服务业融合水平的关系。信息技术的深层次使用必然要求产业间边界的模糊与消失，而制造业的高端化要求又使得制造业产业需要将服务内化到产品生产流程和管理流程之中。产业融合理论为理解制造业数字化转型在推动制造业与服务业融合过程中的作用提供了有力的理论支撑。本书通过构建相关指标，使用实证模型分析了该效应并进行了机制分析。

3.2　数字化的转型对市场各相关方的影响

总体而言，产业数字化转型促使开发者、生产者、消费者实现高效的互动匹配，并影响企业技术创新行为和经济社会福利（Ballestar et al.，2021）。因此，制造业数字化的转型和发展对市场中的各相关方产生了不同的影响，具体如下：

3.2.1 对消费者的影响

通常而言，数字化转型有助于实现企业与消费者突破信息约束的时空互动，不仅改变了消费者的消费模式及行为，而且促使企业及时依据消费者需求变动来调整其经营模式和产品功能设计（钱雨等，2021）。具体而言，首先，制造业的数字化转型使得产品更加智能化，消费者可以获得更优质的产品体验。例如，智能家居产品的出现让消费者可以更方便地掌控家庭设备，如通过手机应用控制家里的空调、照明和安全系统等。其次，制造业的数字化转型改变了消费者的购物行为和消费模式。数字技术的进步给消费者提供了更便捷、个性化的购物体验，激发了需求。例如，消费者可以通过互联网定制自己喜欢的服装、鞋子等产品，大大提高了消费者的购物体验。再次，制造业的数字化转型也带来了新的消费模式，如电子商务和移动支付等，消费者可以在线购物并使用移动支付等快捷安全的支付方式，同时，由于消费者更容易找到所需产品或服务，减少了搜寻成本。最后，制造业的数字化转型鼓励企业收集消费者的数据进行精准的分析，更加关注产品和服务的多样性和质量，消费者的多样化需求得以更好地被满足。

3.2.2 对生产者的影响

随着信息技术和数字技术的快速发展与应用，数字化变革深刻地改变了企业和生产者的运营管理行为，主要包括产品创造过程、产品设计与质量、市场需求预测、销售收益、绿色生产方式等方面（陈剑等，2020）。具体来看，首先，数字化转型使得生产过程更加高效和精确。通过引入先进的机器人和自动化设备，制造商可以大幅提高生产效率，减少生产成本和交货时间。同时，数字化技术还可以帮助企业更好地管理和优化供应链，减少浪费。其次，数字化转型对于产品质量的提升也起到了重要作用。通过精确的数据分析和监控，制造业企业可以在生产过程中及时发现和解决问题，从而减少缺陷和退货率。再次，大数据分析技术帮助企业实现精准营销和大规模定制，提高了效益。通过技术创新和新商业模式，还可以为企业创造新的利润来源。复次，数字化转型使得制造业企业能够更好地适应市场的快速变化。通过柔性制造的能力，企业可以快速调整和转换生产，以满足个性化的市场需求。最后，以数字产业化和产业数字化为代表的数字化转型能够有效压缩"高污染、高耗能、高排放"型低端制造业规模，推动经济发展方式向内涵化和数字化转变，为传统高污染制造业转型升级提供技术支持（胡汉辉和申杰，2023）。因此，数字技术有助于提高整个工业的绿色生产效率，迫使高污染企业实现绿色转型发展，最终实现制造业企业绿色发展。

3.2.3　对技术创新的影响

随着数字技术与实体经济的深度融合，数字化转型已是企业实现转型发展的必然选择，极大地提高了数据与信息的传递效率，有效地破解了信息孤岛的问题，为技术创新创造了有利条件（郑志强和何佳俐，2023）。制造业企业进行数字化转型，实现了技术创新与商业模式创新的双轮驱动。数字化转型的核心是利用信息技术，将制造过程数字化，实现生产过程的全面自动化、信息化、智能化。在这个过程中，技术创新推动起到了至关重要的作用。数字化转型中各种新型技术的应用，如物联网、云计算、大数据、人工智能等，为制造业数字化转型提供了强大的支持，促进了技术的进一步创新。物联网技术可以帮助企业实现设备的互联互通，实现生产过程的全面监控和优化。为了给企业的数字化转型提供全面的技术支持，需要云计算技术提供大规模、高可靠性的计算和存储资源，需要大数据技术对海量的生产数据进行分析和挖掘，帮助企业更好地了解市场需求，提高产品质量。最后，为了对生产过程进行智能优化，提高生产效率，降低能源消耗，要大大推动人工智能技术的发展。

3.2.4 对社会的影响

企业数字化转型对社会发展产生重要影响，主要表现在企业生产方式、社会福利、就业和生活方式等方面。具体而言，一是改善人类福祉，制造业正在不断由传统模式向数字化模式转变，不但让制造业企业提高生产效率、降低生产成本，而且通过精准的数据分析、仿真模拟等技术来检测和改善产品质量，大大提高产品的可靠性和安全性，从而更好地保障消费者权益，提高了人类福利水平。二是创造新的工作岗位，制造业数字化转型虽然采用了更多的机器人和自动化设备，但也增加了对新技能劳动力的需求。长期来看，互联网信息技术增加了对非自动化机器工作类劳动力和高技能劳动力的需求，能够创造新的就业岗位，拓宽了劳动力市场的就业范围（Atasoy，2013；惠炜和姜伟，2020）。制造业的数字化转型需要更多的人才来支持，从开发到维护，从数据分析到网络安全，每个环节都需要越来越多的专业人才。同时，数字技术与制造业的融合发展也催生了一系列新的工作岗位和就业机会。例如，数字化工程师、数据分析师和智能设备维护人员等职业在传统的制造业中并不存在，但随着数字技术与制造业的融合，这些职业变得日益重要。数字化工程师负责开发和维护企业的数字化系统和应用，数据分析师则利用大数据和人工智能技术对生产过程和市场趋势进行深度分析，为企业的战略决策提供数据支持，智能设备维护人员则负责设备的日常维护和故障排除。这些新职业不仅为求职者提供了更多的就业机会，也为社会创造了更高的价值。三是改变了人们的生活方式。数字技术的应用不仅改变了制造业的面貌，也深刻影响了我们的生活方式。例如，智能家居、智慧医疗、智能城市等领域的应用让我们感受到了数字技术带来的便利。这些应用不仅极大地提高了我们的生活质量，也展示了数字技术对社会发展的巨大潜力。总的来说，数字化转型的发展为各个领域带来的更多是机遇和创新机会，大大促进了社会和经济的发展，提高了生产制造效率和人们的生活质量。

3.3　理论框架与研究假设

结合制造业高质量发展的内涵与特征，本节将详细阐述数字化转型与制造业高质量发展的理论关系，并进一步阐述数字化转型与制造业全要素生产率、绿色技术创新、产业融合和产业结构升级四个维度的理论关系和传导机制，并提出相应的理论假设，为后文实证研究提供坚实的理论基础。

3.3.1　数字化转型与制造业高质量发展

党的二十大报告提出，高质量发展是全面建设社会主义现代化国家的首要任务，提出以高端化、智能化、绿色化为方向，促进制造业实现质的有效提升和量的合理增长。智能化作为未来的一个重要方向，企业的数字化转型是必经之路，是构建数据基础设施、驱动业务运营、支撑智能决策的一种基础发展模式。因此，未来的高端化、智能化、绿色化方向必然是以数字化转型促进制造业高端化、绿色化的过程。

（1）通过数字化转型提高制造业企业全要素生产率已成为推动中国制造业高质量发展的首要路径。

如何实现制造业提质增效、提高制造业竞争力，一直是学术界关注的热点问题（李玉红等，2008；杨汝岱，2015）。党的十九大报告首次提出"提高全要素生产率"，同时提出加快实施创新驱动战略，这表明我国要在新常态下把经济增长转到全要素生产率驱动的轨道上来，实现经济的提质增效升级。党的二十大报告则强调"着力提高全要素生产率"，面临的挑战是如何提高全要素生产率。全要素生产率包括了创新和组织管理等内容对于经济的贡献，数字化转型下，推动着新技术的相互融合并向传统经济渗透，数字化转型推动数字技术的广泛应用，不仅赋能了多个产业的发展，使这些产业能更加高效地进行生产和创新，同时数字化转型还催生了新的业态和新的行业。另外，数字化转型主要通过提升企业生产效率、降低企业生产成本和变革企业管理方式来提升企业的全要素生产率，为未来快速推进我国制造业高端化奠定坚实基础（胡吉亚和胡海峰，2022），从而实现制造业高质量发展。

本书认为，数字化转型加快推进了我国的数字经济与制造业融合，为制造业转型发展赋能，推进制造业企业数字化转型、有利于数字经济进一步赋能制造业全要素生产率，提高制造业生产效率。因此，通过数字化转型提高制造业企业全要素生产率已成为推动中国制造业高质量发展的首要路径。

（2）通过数字化转型促进制造业绿色发展是促进中国制造业高质量发展的重要支撑。

在新的时代背景下，出于对人民日益增长的美好生活需要，必然要求绿色发展融入经济社会的协调发展，在经济社会的横向层面获取绿色发展空间，实现经济社会的高质量发展（李金昌等，2023）。党的十八届五中全会，将绿色发展提高到关系我国发展全局重要理念的地位上，为新时代经济社会发展指明了方向。"十四五"规划锚定"双碳"目标，明确指出推进重点行业和重要领域的绿色化改造，促进经济社会发展的全面绿色转型和高质量发展。在2023年《政府工作报告》中进一步强调了要加速构建新型能源系统，推动重点行业的企业节能降碳，持续为保护蓝天、碧水、净土而奋斗。显然，制造业企业，特别是对环境污染较大的企业实现自身的环保转型和升级，是达成"双碳"目标的核心（于法稳和林珊，2022）。

本书认为，数字化转型依托数字化创新下的科技成果，通过信息共享和知识整合将生产和经营过程中产生的负面影响降到最低，依靠绿色创新破解绿色发展难题，为实现经济、生态、社会效益的有机统一提供重要支持。因此，通过数字化转型促进制造业绿色发展是促进中国制造业高质量发展的重要支撑。

（3）通过数字化转型促进产业融合发展是促进中国制造业高质量发展的重

要内在驱动力。

随着改革开放的深入和市场经济体制的逐步完善，我国正迈入从工业化到后工业时代的过渡时期，当前新一轮科技革命发展背景下，"制造业服务化、服务业制造化"发展趋势越来越明显。"十四五"规划明确提出，要"推动现代服务业同先进制造业、现代农业深度融合，加快推进服务业数字化"，制造业和服务业的"两业融合"成为推动制造业高质量发展的重要支撑。数字化转型下，不但以数字化赋能提升企业的商品或服务的质量，还可以促进市场的供需在更高水平的动态平衡，提高整个行业产业链条的协作程度，促进传统产业的联动转型、跨界合作，这一过程实际贯穿产业融合。现代服务业与先进制造业深度融合是适应市场和经济发展阶段需要，也是提升制造业企业竞争力，实现技术创新的重要路径（夏杰长和肖宇，2022）。

本书认为，我国正处于产业结构升级和转型的关键时期，不仅面临着新旧动能的转换，而且已经明确指出，制造业要向自动化、数字化和智能化新型制造方向升级。在过去的转型升级发展过程中，已经发现，单纯依靠企业自身的创新力量无法有效实现目标，需要以现代服务业和更加先进的数字技术为支撑，不断创新发展，适应高速变化发展的市场，实现产品的服务化和高端化。因此，通过数字化转型促进产业融合发展是促进中国制造业高质量发展的重要内在驱动力。

（4）通过数字化转型促进产业结构升级是促进中国制造业高质量发展的重要动力机制。

党的二十大报告在提出"加快发展方式绿色转型"的同时，也强调要"加快推动产业结构调整优化升级"，在当前国际环境复杂的现实挑战下，积极应对发展中国家"中低端分流"与发达国家"高端压制"的双向挤压，继续促进产业结构转型升级，推动制造业高质量发展。科技革命在产业结构升级的历史进程中，起着相当重要的决定作用（韦森，2013）。以数字化为核心的新一代信息技术革命，推动数字产业快速增长，反过来促使传统制造业企业进行数字化转型升级，这一过程中的数字产业技术突破和衍生的新业态、新商业模式为数字化转型提供了关键支持，也为企业所在行业带来产业结构升级效应。

本书认为，我国目前制造业企业的数字化转型具有广阔的发展空间，随着数字化转型的推进，数字产业与传统产业融合渗透的深度和广度会不断提升，数字化转型对产业结构升级的线性促进作用、非线性影响和空间溢出效应将会发挥更大的作用，将进一步促进产业结构转型升级，推动制造业高质量发展。因此，通过数字化转型促进产业结构升级是促进中国制造业高质量发展的重要动力机制。

同时，数字基础设施是数字经济赋能制造业企业高质量发展的外部支撑。数字化转型发展离不开数字化基础设施的建设，包括新数字技术的应用和传统设施的升级。数字基础设施建设的推进，为制造业企业提供了多方面的支持，制造业企业能够更加便利地获取数据，并且让信息和资源的流动更加便捷，支持制造业企业高质量发展。而加快推进工业互联网等新型数字基础设施建设的同时，必然会增强类似5G互联网、数据中心、人工智能、工业互联网等领域产业的核心竞争力，反过来推动以数据创新为驱动、通信网络为基础、数据算力设施为核心的基础设施体系建设。此外，制造业的高质量发展对数字产业的发展提出了更高要求。制造业不断升级换代，对数字技术的需求也日益增长，提供了海量的应用场景和数据，进一步推动了数字产业的发展。制造业为数字化转型提供必要的设备支持和实体基础，同时制造业的高质量发展和与数字化转型的协调融合强化了数字化转型的产业数字化部分，增强了数字化转型的实力。这种产业间的相互促进和支撑，将为未来中国制造业实现转型升级的战略目标，提升国际竞争力打下坚实基础。

基于本节上述论述，本书给出了理论关系图（见图3-1），并提出一个支撑全文的核心理论观点：

数字化转型能够有效促进制造业企业高质量发展。具体而言，数字化转型通过数字化技术、数字化管理和数字基础设施实现赋能、优化和支撑，能够全面提升制造业企业生产率，并实现绿色技术创新、制造业与服务业融合和产业结构升级，推动制造业往高端化、绿色化、智能化方向发展，最终推动制造业高质量发展。

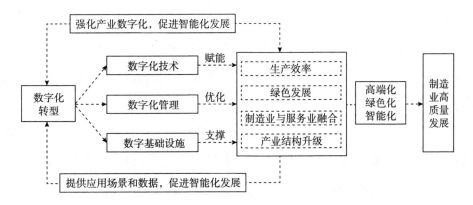

图 3-1　数字化转型与制造业高质量发展的理论关系

资料来源：笔者整理。

　　本节接下来的部分，将就数字化转型与全要素生产率、绿色技术创新、产业融合、产业结构升级之间的理论关系进行进一步阐述。

3.3.2　数字化转型与全要素生产率

　　结合制造业高质量发展的内涵，全要素生产率是衡量制造业高质量发展的重要维度之一。鉴于此，本节着重分析数字化转型与制造业全要素生产率的理论关系和传导机制，并给出了相应的理论框架（见图 3-2）。

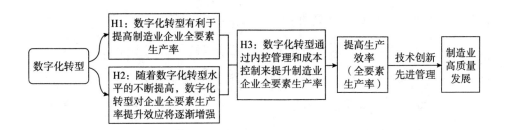

图 3-2　数字化转型与制造业生产率的理论机制

资料来源：笔者整理。

（1）数字化转型与制造业企业全要素生产率的理论关系。

制造业企业的数字化转型通过优化生产流程、强化内控管理，促进企业资源的有效利用，提高产品质量和产品竞争力，增加企业的盈利能力，进而提高制造业企业的全要素生产率。

随着数字时代的崛起，数字产业在全球范围内对各经济部门、企业、消费者和政府的影响日益显著。新一代信息技术赋予数字化转型以数据为核心的生产模式，不仅有助于克服传统生产要素递减边际收益的限制，还成为新旧动能转换的强力推动者（陈晓东和杨晓霞，2021）。通过提升企业生产效率、促进产业融合、强调绿色化可持续发展、优化产业结构、扩大资源和市场覆盖、改善产品与服务等方式，数字化转型为企业带来了新的发展机遇和挑战。尽管中国数字产业相对于发达国家尚有差距，但随着数字中国计划的推进，数字产业在推动中国经济增长中的作用日益凸显。同时，数字技术的渗透性和融合性不仅影响数字部门，还对非数字领域产生影响。借助"替代性"和"协同性"这两大技术—经济特征，数字化技术不断提升各部门的生产效率和生产质量（蔡跃洲和牛新星，2021）。生产要素在数字化转型背景下加速流动，一方面，信息化建设提升了企业信息化水平，实现信息的实时传递和共享，从而提高信息沟通效率；另一方面，通过优化供应链、使得生产要素的流动更加顺畅。在要素的加速流通中，激发企业加大技术创新投入，提高生产力和促进效率提升，实现制造业产业更高质量的发展（肖旭和戚聿东，2019；昌忠泽和孟倩，2018）。

在数字化转型时代，制造业企业生产呈现较高固定成本和低边际成本的特征，经济收益较为依赖规模经济，只有规模更大的企业才能获得相应的市场价值（丁志帆，2020）。随着数字化转型的发展，各个行业的相互渗透率大大提升，企业获取信息的成本大幅降低，网络效应逐渐增强。在数字时代，网络的价值随着用户数量的增加而增长，这正是"梅特卡夫法则"的核心内容（冯伟和李嘉佳，2019）。该定律简洁地阐述了网络价值与用户数量的关系，其核心思想是网络价值与用户数量的平方成正比。这意味着，每当网络用户数量增加1倍，网络价值就会增加4倍，背后原理主要是网络效应和正反馈效应，随着用户的增加，增长速度会成倍的增长，这在信息时代信息传播领域较为常见。正反馈效应则是指某种变化或行动会导致一种增强自身的影响，从而不断加强最初的变化或行动。在互联网领域，正反馈效应的例子非常多。比如，社交网络的用户数量越多，网络的价值就越大，这会吸引更多的用户加入网络。而随着用户数量的进一步增加，网络的价值又会进一步提升，这将不断吸引新的用户加入，从而形成一种自我强化的正反馈循环。正反馈效应不仅强化了网络的外部性，还加剧了网络的"长尾效应"。长尾效应是指在网络经济中，少量的热门商品或服务会占据大部分的市场份额，而大量的冷门商品或服务虽然占比很小，但却能累积成一条长长的尾巴。正反馈效应使得这条尾巴更加"长"，从而使得网络经济呈现出更多的非线性特征。规模经济和网络效应的作用使得边际成本递减的规律减弱，各领域之间的联动边际成本不断降低，甚至使得企业可以获得边际递增效应，这些变化不仅影响着企业的经营模式，也催生了数字化转型时代实现高质量发展的新动力。

基于上述分析，本书提出理论假设H1和假设H2：

H1：数字化转型有利于提高制造业企业全要素生产率。

H2：随着数字化转型水平的不断提高，数字化转型对企业全要素生产率提升效应将逐渐增强。

（2）数字化转型与制造业企业全要素生产率的传导机制。

对于制造业企业而言，依托数字技术的数字化转型过程，为提升制造业企业全要素生产率提供了机遇。在制造业企业数字化转型的过程中，企业全要素生产率的提升不仅涉及企业内部控制管理的问题，而且受到了企业自身成本控制能力的影响。鉴于此，本节将从内控管理和成本控制两个方面来阐述数字化转型影响全要素生产率的传导机制。

第一，内控管理。内部控制管理不仅仅是一种为了公司契约的不完备性、降低代理成本而设置的控制管理机制，更重要的在于实现企业价值的增值（杨忠智，2007），为提升企业全要素生产率提供了机会。一方面，对于制造业企业而言，数字化转型本质上就是依托数字技术进行运营，企业数字化转型有利于提高企业内部管理能力，实现有效的内部控制管理。具体而言，首先，当云计算、大数据、物联网、人工智能等先进的数字技术运用于企业内部控制时，企业能够有效利用数据和信息发现运营管理中存在的问题，提前预警潜在的运营管理风险，进而不断完善企业抵御风险冲击的机制。其次，数字化转型有利于规范企业运行和交易过程，克服了因管理者的主观随意性引发的缺陷，提高运营及交易过程中信息价值和交易效率，有利于培育具有良好内部控制能力的环境。最后，数字化转型有助于降低企业在内部管理中的监督成本，强化企业内部控制质量和优化管理模式，并解决因内部控制管理不足带来的委托代理问题和风险识别问题（邓郴宜和万勇，2023）。另一方面，企业内部控制能够有效减少因信息非对称而带来的道德风险，优化企业内部环境和信息沟通模式，完善企业内部风险评估及监督等机制，是提升企业整体经营与生产效率的重要举措之一（罗劲博，2017）。一个企业内部控制管理能力越优秀，其市场绩效和运营绩效就越好，越能够获得高效而持续性利润和价值（肖华和张国清，2013）。通常而言，良好的内控管理能够确保企业各项管理工作按规范进行，避免运营管理问题，为提升企业全要素生产率奠定基础。同时，依托数字技术的数字化转型有利于实现企业内部管理过程、研发过程、生产流程、财务控制等重要活动的实时化和透明化，促进企业生产过程的专业化分工，最终提升企业全要素生产率（袁淳等，2021）。由此可见，在制造业企业数字化转型过程中，企业通过强化自身内部控制管理能力，优化整体运营管理模式，有助于提高自身产出投入比，最终推动企业全要素生产率提升。

第二，成本控制。一方面，制造业企业数字化转型有助于加强成本控制与管理，并显著降低企业成本。具体而言，合理的成本控制不仅是企业数字化转型的条件之一，也是企业实现数字化转型的必经之路（任碧云和郭猛，2021）。保持成本优势是企业在市场竞争中的重要策略之一，而有效的成本控制是实现这一目标的关键。对于制造业企业而言，数字化转型本质上就是依托数字技术进行运营，实现成本控制。依托数字技术的企业数字化转型能够压缩相关信息传递的时间和成本，推动实现信息电子化、无纸化办公和线上产品宣传与销售，从而降低相关交易成本（刘乃全等，2021）。此外，数字化转型具备了数字技术与平台的网络开放性的特征，使得产品市场与信息联动更为便捷，降低了中间传递及交易频率，强化了产品交易的匹配能力，有效缓解了不同经济主体之间的信息非对称问题。同时，数字化转型不仅加强了企业自身与供应商、消费者之间的产品供需信息的快速沟通能力，而且有助于降低企业库存和销售压力，降低企业库存与管理成本。另一方面，制造业企业成本控制有利于提升企业全要素生产率，进而实现高质量发展。在合理的成本控制下，制造业企业通过数字化转型不仅能够生产和提供新型产品，增加新的消费需求，而且可以根据及时的信息反馈来扩大原产品的市场份额，提升销售收入和营业收入，扩大产出和收益范围。此外，依托数字技术与平台，制造业企业能够便利地将闲置的初级产品、机器、设备等资源转卖给其他制造业企业，进而在提高现有资源配置效率的过程中全面提升企业全要素生产率水平（杜传忠和刘书彤，2023）。同时，在进行数字化转型过程中，制造业企业通过充分利用云计算、大数据、物联网和人工智能等数字技术，能够精准定位更多未进入的长尾消费群体，以增加新的营销收入来源。成本控制后也将改变企业自身管理和经营模式，增加新的产品利润增长点，提高企业整体的经营绩效和产出投入比，进而助力提升企业全要素生产率。

基于上述分析，本书提出理论假设 H3：

H3：数字化转型通过内控管理和成本控制来提升制造业企业全要素生产率。

3.3.3　数字化转型与绿色技术创新

结合制造业高质量发展的内涵，绿色技术创新是反映制造业高质量发展的重要维度之一。鉴于此，本节着重分析数字化转型与制造业企业绿色技术创新的理论关系和传导机制，并给出了相应的理论框架（见图 3-3）。

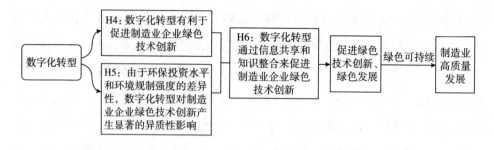

图 3-3   数字化转型与制造业企业绿色技术创新的理论机制

资料来源：笔者整理。

（1）数字化转型与制造业企业绿色技术创新的理论关系。

绿色技术创新是转变经济发展方式、实现我国"双碳"目标的重要支撑，高质量发展要求企业在生产过程中更加注重环境保护，通过采用环保技术和设备，减少"三废"排放，以及降低能源消耗和浪费，实现绿色生产。结合绿色创新的特征，实证检验数字化转型促进企业绿色创新的微观机制是通过信息传播和激励企业的创新动力，进而落实"双碳"目标，促进制造业的高质量发展。

企业数字化已成为现代企业的必然趋势，企业数字化不仅有助于提高运营效率，而且通过优化其创新技术资源来影响绿色技术创新（杨东和柴慧敏，2015）。首先，在数字化的环境下，企业可以迅速获取并处理大量信息，有利于促进内部和外部信息的交流与融合，这种信息交流可以激发新的创新想法，提高创新能力，从而更有效地进行创新（Subramaniam and Youndt，2005）。其次，企业数字化能够扩展创新资源的配置范围。通过数字技术，企业可以超越传统的地理和物理限制，甚至在全球范围内寻找和整合资源。这包括与供应商、制造商、研究机构等进行深度合作，共同开发新的绿色技术。这种扩展资源配置范围的方式可以鼓励联合创新，进一步提高企业的技术创新能力，提升绿色技术创新水平。

数字技术对企业绿色化发展的影响与企业对绿色发展的关注和投入强度有较强关系。对于绿色化投入和关注较多的企业，数字技术的应用能有效提高企业的绿色创新水平，而对于绿色化关注和投入不足的企业，即使进行数字化转型，也无法有效实现绿色创新水平的提升。

基于上述分析，本书提出理论假设 H4 和假设 H5：

H4：数字化转型有利于促进制造业企业绿色技术创新。

H5：由于环保投资水平和环境规制强度的差异性，数字化转型对制造业企业绿色技术创新产生显著的异质性影响。

（2）数字化转型与制造业企业绿色技术创新的传导机制。

绿色创新不仅涉及资源消耗和技术积累的问题，还对企业的信息共享能力和跨领域知识整合提出更高的要求。依靠单一技术领域的经验和知识积累难以实现绿色创新，而数字化转型为实现绿色创新提供了可能。企业必须加强信息共享和跨领域知识整合能力，充分整合内外部资源，以推动绿色创新的实现（于飞等，2019）。鉴于此，本节将从信息的共享路径和整合效应来分析数字化转型对绿色创新的影响。

第一，信息共享。企业数字化进程的快速推进，有效地加速了信息的传输与反馈机制，一方面，促进了企业内部各部门之间的信息共享和协同工作。这使得企业能够更快速地响应市场需求，提高生产效率，并降低不必要的资源浪费。这种内部协同效应不仅通过各部门的交流和融合提升了企业的整体竞争力，还有助于推动绿色技术创新（Carr and Kaynak，2007）。另一方面，企业可以更便捷地与供应商、客户和其他合作伙伴进行信息共享和交流。这使得企业能够在产品设计、生产制造和供应链管理等方面实现更高效的协作，减少资源消耗和环境污染（Mooi 和 Frambach，2012）。研究表明，信息共享对于企业的技术创新至关重要。例如，Brynjolfsson 和 Hitt（2003）的研究发现，内部信息共享能有效激发员工的积极性，而且绿色技术创新需要信息整合的背景，分裂的信息无法形成有效的技术创新，因此信息共享能力在此领域显得尤为关键。另外，数字化技术能够有效地促进信息的实时共享，能打破空间的阻碍，有效提高制造业企业的生产灵活性和市场适应能力。因此，企业数字化转型能整合内外部资源，提升企业的信息获取能力，促进创新技术的应用，进而实现绿色技术的不断创新。

第二，知识整合。数字化转型能实现基础设施和沟通的便捷化，能有效促进知识整合，推进绿色创新技术的发展（Strambach，2017）。从知识的角度来看，绿色创新涉及多个技术领域，首先，企业需要了解并掌握相关的生产过程知识，并进行整合与传播，包括生产工艺、材料使用、能源消耗、污染减排等方面。这些知识能够帮助企业优化生产过程，减少资源消耗和环境污染。其次，绿色创新还需要跨领域的污染减排知识，如环保技术、循环利用技术等。这些知识有助于企业研发出更环保、更可持续的产品和生产方法（于飞等，2019）。数字技术的应用可以扩大创新资源的配置范围，使企业能够跨越地域限制，甚至可以与全球各地的合作伙伴、供应商和客户进行实时沟通和协作，从而有效地促进跨领域的创新活动。还可以促进创新生态系统内产学研等多元创新主体之间的跨领域协同创新。工业 4.0 技术更是推动了企业的开放式创新，通过建立虚拟团队、共享平台和协作工具，各方可以共同参与创新过程，分享知识和经验，从而加速绿色技术的研发和应用（Mubarak et al.，2021）。此外，企业内部还需要形成有效的知识整合机制，将不同领域的知识进行有效的整合，以实现绿色技术创新。这需要企业内部建立良好的知识共享平台和团队文化，鼓励员工之间互相学习、分享知识和经验，有效管理和利用内外部的知识资源，以紧跟绿色创新的主流技术、新理念和发展趋势，还需要企业与外部合作伙伴、供应商和客户保持紧密联系，及时获取最新的环保技术和市场需求信息，并将其融入企业的绿色创新战略中（张昕蔚，2019）。因此，知识整合被认为是制造业企业实现绿色创新的有效途径和重要机制。

基于上述分析，本书提出理论假设 H6：

H6：数字化转型通过信息共享和知识整合来促进制造业企业绿色技术创新。

3.3.4 数字化转型与产业融合

结合制造业高质量发展的内涵，制造业与服务业的产业融合是制造业高质量发展的重要体现之一。鉴于此，本节着重分析数字化转型与产业融合的理论关系和传导机制，并给出了相应的理论框架（见图3-4）。

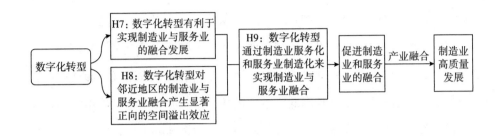

图 3-4　数字化转型与产业融合的理论机制

资料来源：笔者整理。

（1）数字化转型与产业融合的理论关系。

随着现代数字技术和网络平台的快速发展，制造业和服务业正在突破传统的行业壁垒，实现更加直接、高效、智能和客户导向的运营。推动先进制造业和现代服务业深度融合，是增强制造业核心竞争力、培育现代产业体系的重要途径。产业融合发展能有效改善制造业的供给质量，实现差异化竞争，增强企业的盈利能力。数字化转型是数字经济发展的"主战场"之一，数字经济与实体经济深度融合，是发挥我国海量数据和丰富应用场景优势、引领全球数字经济发展的必然选择。数字化转型有助于突破传统的制造业和服务业界限，促进了两者的融合发展，并基于数字化技术的发展打破地理空间的限制，通过知识、技术等因素的跨区域传播，对周边地区的制造业和服务业融合产生空间上的扩散效应，进一步驱动本地和邻地的产业融合，促进制造业高质量发展。

事实上，现实经济系统中制造业与服务业相互融合的趋势早已呈现。具体而言，在制造业方面，物联网、云计算和大数据分析等技术的广泛应用正在改变企业运营模式和生产方式。通过这些技术，企业可以构建客户导向的服务平台，实时掌握客户需求，预测市场趋势，优化产品设计、生产和销售等环节（许庆瑞等，2020）。例如，通过大数据分析，企业可以深入了解客户购买行为和喜好，从而设计出更符合市场需求的产品。此外，云计算技术的应用可以实现信息共享和协同工作，让企业与供应商、生产商和其他相关方之间的沟通更加便捷高效。在服务业方面，金融、咨询、销售、信息等领域的专业服务为制造业提供了强有力的支持。例如，金融机构可以为制造业企业提供融资服务，帮助它们扩大生产规模和提高市场竞争力；咨询机构可以为制造业企业提供战略规划和业务优化建议，帮助他们提高管理水平和降低成本；销售和信息服务商则可以帮助制造业企业更好地了解市场需求和竞争态势，从而制定更加精准的市场营销策略。现代数字技术和网络平台的崛起不仅使得制造业和服务业得以突破传统的行业壁垒，还推动了二者的深度融合，共同完成产品制造以满足顾客需求（许庆瑞等，2020）。

从实际的案例来看，通过物联网技术将制造业和服务业连接在一起，可以实现智能制造和智能服务；通过云计算技术实现信息共享和协同工作，可以促进制造业和服务业之间的协作和创新。在这个紧密的合作过程中，制造企业负责生产过程的工艺流程，而服务企业则提供支持，共同构建了产品和服务的融合系统，以优化资源配置，并向顾客提供产品和服务。这种产品和服务的深度交织模式意味着制造商和服务提供商的利益交织融合，进而在产业链建立了智能高效的决策管理体系。随着新一代信息技术的进一步发展和应用，未来这种交织模式有望实现更深层次的融合和渗透，成为推动制造业和服务业融合的加速器和催化剂。

受地理空间限制，经济活动只能在特定区域内开展。数字技术的出现改变了这一局面，数字技术的飞速发展打破了地理空间对经济活动的限制，人们可以使用互联网、移动设备和通信技术等数字工具轻松地在全球范围内进行经济活动。这些技术的发展为实现跨地域合作提供了可能性，使不同行业的企业可以在同一平台上交流，开展业务合作，有效地加速了技术、信息和知识等要素在不同地区之间的传播，导致了全球性和局部性的溢出效应（惠宁和白思，2021）。互联网的普及、数字金融的发展、数字化转型等现象都表现出明显的地理相关性，而产业结构和产业融合也在空间上存在相关性（白雪洁和周晓辉，2021；陈堂和陈光，2021）。数字化转型促进了不同地区企业之间的合作与交流，使得制造业和服务业得以更广泛地融合。知识和技术在不同地区之间的传播由于数字化技术变得更加迅速，为制造业和服务业的融合提供了更丰富的资源和更广阔的市场（Kutin et al.，2016）。数字化的转型也加速了各地区企业之间的竞争，使得制造业和服务业在融合过程中不得不寻求新的竞争优势，从而推动整个行业的进步。知识、技术等因素的跨区域传播，也促进了周边地区制造业和服务业的融合，这种融合使得周边地区的企业能够快速掌握先进的生产技术和管理经验，提高生产效率和市场竞争力。并且，可以促使生产要素在不同地区之间流动，进一步加强了不同区域各产业之间的联系。推动了周边地区的产业升级和转型，为当地经济发展注入了新的动力。此外，数字化转型对周边地区的社会生活也产生了深远影响，推动了社会信息化和数字化的进程。

基于上述分析，本书提出理论假设 H7 和假设 H8：

H7：数字化转型有利于实现制造业与服务业的融合发展。

H8：数字化转型对邻近地区的制造业与服务业融合产生显著正向的空间溢出效应。

（2）数字化转型与产业融合的传导机制。

在数字化转型的推动下，制造业与服务业的产业融合的进程呈现出两个关键方向：一是制造业致力于提升产品的丰富度，通过融入服务内容，实现产品服务化；二是服务业企业下沉，为了实现更好的服务，延伸出产品制造功能。

第一，制造业服务化。借助大数据、人工智能、云计算等先进技术，制造商和服务提供商能够收集并分析消费者行为、市场需求和产业链动态等大量数据，实现更精准的市场预测、更高效的资源分配和更优化的产品与服务。通过直接面对消费者，企业可以更好地理解消费者的需求和反馈，进而改进产品和服务，实现个性化定制和精准营销。通过实时追踪货物运输信息，制造商可以掌握产品的实际需求情况，从而更精准地安排生产和库存管理；而物流服务提供商则可以根据运输数据优化运输路线和方案，提高运输效率并降低成本。借助智能高效的决策管理体系，可以更好地理解消费者的需求和反馈，提高产业链的效率和灵活性，实现个性化定制和精准营销。制造业企业能够在此基础上积极拓展围绕核心产品的增值服务，实现了与客户之间的持续共赢，为企业带来了良性的发展。

第二，服务业制造化。数字技术在服务业转型中也发挥了关键作用。它不仅为服务业提供了先进的制造技术，还借鉴了制造业的产业优势，改变了服务业传统的发展方式。通过引入数字技术，服务业可以实现自动化、智能化，减少人力成本，提高服务效率和质量。在互联网、物联网等技术的推动下，服务业可以借鉴制造业的反向创新模式，根据市场需求推出个性化的产品和服务，满足消费者的多元化需求（钱龙和何永芳，2019）。从实际的案例来看，作为中国领先的电子商务平台，京东通过数字技术优化了其供应链管理，与全球众多品牌商和供应商建立了紧密的合作关系，利用大数据分析预测市场需求，精准安排库存和物流配送，确保消费者能在第一时间收到心仪的商品。同时，京东在服务业转型中积极引入数字技术，取得了显著成果。利用其数字分析，推出了针对性的营销战略。这种模式不仅满足了消费者对个性化产品的需求，还带动了京东向制造化方向的扩展。数字技术和服务业管理的融合，推动了服务业的标准化、连锁规模化和科学化管理。这种融合有助于服务业更好地借鉴制造业的管理理念，提高服务水平和效率。

基于上述分析，本书提出理论假设 H9：

H9：数字化转型通过制造业服务化和服务业制造化来实现制造业与服务业融合。

3.3.5 数字化转型与产业结构升级

结合制造业高质量发展的内涵，制造业产业结构升级是制造业高质量发展的其中一个重要表现形式。鉴于此，本节着重分析数字化转型与产业结构升级的理论关系和传导机制，并给出了相应的理论框架（见图 3-5）。

（1）数字化转型与制造业产业结构升级的理论关系。

当前，我国正处于产业结构转型升级的关键阶段，数字化转型作为推动产业

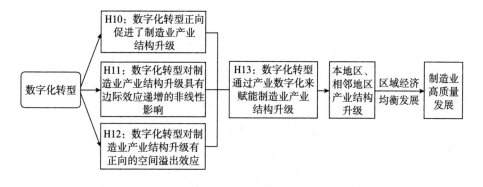

图 3-5　数字化转型与制造业产业结构升级的理论机制

资料来源：笔者整理。

结构升级的重要力量，其对产业结构的影响和作用逐渐成为经济政策研究的热点。2020 年，习近平总书记在浙江考察时强调，要紧抓数字化转型和产业数字化带来的机遇，积极推进科技创新，着力培育新的增长点，培养新的发展动能。因此，本书深入探究数字化转型与产业结构升级之间的理论关系，不仅能够解释我国产业结构升级中出现的新现象、新问题和新趋势，还能揭示产业结构升级的新格局、新战略、新产业和新模式。因此，本书拟从数字化转型的溢出效应角度出发，进行理论分析并实证检验数字化转型对制造业企业产业结构升级的影响。

高度渗透性是数字技术最为重要的特征之一。数字技术的高度渗透性和网络外部性导致了数字化转型的溢出效应，即其发展对外部产生了积极影响，为社会带来了正的外部效应。溢出效应最早由 Arrow（1962）提出，指的是一个组织在进行某项活动时，不仅会对该活动产生影响，还会对该组织之外的其他主体产生外部效应。基于这一观点，本章从数字化转型的溢出效应角度出发，分析数字化转型对产业结构升级的线性促进作用、非线性影响和空间溢出效应。

从线性影响来看，数字化转型背景下，相关的大数据、人工智能、5G 等数字技术的创新应用，不断培育出新产业、新业态、新模式，并通过数字经济与实体经济的深度融合促进传统制造业的转型升级。加快产业结构优化升级，促进新旧动能接续转换，是高质量发展题中之义。产业结构升级的核心是提升企业生产力和市场竞争力。在数字化转型的背景下，新一代数字技术如大数据、物联网和云计算等深度融合于传统产业，实现了从消费端到生产端、从线下到线上的多方面和全方位改造，有效地解决了产业主体之间的要素供需矛盾，减弱了产业主体之间经济活动的边界，降低了联动的边际成本，解决了内部公平与效率之间的平衡难题。这使得传统产业能够更广泛地受益于数字化转型带来的溢出效应，大幅提升了生产力和市场竞争力，从而推动了产业结构的升级。

从非线性影响来看，数字化转型在促进产业结构升级过程中符合"梅特卡夫法则"让数字化转型的效应本身呈现出边际效应递增的特点，进而加速我国制造业的产业结构升级进程。数字化转型的实质是新兴信息通信产业，数据是其核心生产要素。数据要素的边际效应递增规律不仅使得数字产业具备高成长性，还使得数字化转型本身呈现出边际效应递增的特点。同时，随着数字化转型的发展，数字产业为传统产业提供了更优质、便捷和高端的网络技术和产品服务，从而显著提升了传统产业的生产力和市场竞争力。这进一步引发了产业结构升级的动态演变。随着数字化转型水平的提升，其发展红利变得更加显著，这也进一步验证了数字化转型在促进产业结构升级过程中符合"梅特卡夫法则"的原则。

从空间溢出效应来看，数字化转型通过数据要素的高流动性和数字平台的在线协同效应，对其他地区产业结构升级产生正向空间溢出效应。数据要素是数字化转型的核心生产要素，而数字平台则扮演着重要的承载角色。数据要素天然地带有扩散特征，对于数据要素的组织和使用，能有效打破空间限制，实现生产的区域协调，降低空间对生产能力的限制。一般而言，流动性过强会带来区域溢出效应，即周边区域的经济产业会受到数据要素流动性影响，实现区域的协同发展。从数字和数据化平台的发展来看，数据平台为产业主体提供了数据资源和市场资源，同时也为产业主体提供了沟通合作伙伴的机会，为产业主体扩大业务提供了机会和支撑。数字平台以数字技术运用和商业模式创新为支撑，形成了一个生态系统，为产业主体协同配置数据资源、提高资源利用效率创造了有利条件。因此，数字化转型不仅在促进本地区产业结构升级方面具备作用，还通过数据要素的高流动性和数字平台的在线协同效应，对其他地区产业结构升级产生溢出效应。

基于上述分析，本书给出了理论关系（见图 3-5），并提出以下三个理论假设：

H10：数字化转型正向促进了制造业产业结构升级。

H11：数字化转型对制造业产业结构升级具有边际效应递增的非线性影响。

H12：数字化转型对制造业产业结构升级有正向的空间溢出效应。

（2）数字化转型与制造业产业结构升级的传导机制。

数字化转型以其高渗透性特征为基础，与传统产业深度融合渗透，推动了传统产业的数字化转型。在这一过程中，产业数字化扮演了重要角色。鉴于此，本节将从产业数字化这条路径来阐述数字化转型影响制造业产业结构升级的传导机制。工业互联网等新业态和模式，是数字技术与制造业深度融合的产物，极大地推动了传统制造业的数字化、网络化和智能化升级，实现了生产经营全生命周期的管理，提升了传统工业的效率和竞争力。此外，数字化转型对资本、技术密集型的生产性服务业，如金融、科技等，产生更大影响。通过互联网和移动支付等数字技术的应用，交易成本得以降低，资金使用效率提高，从而推动了传统线下消费向线上消费的转变。可见，数字化转型在促进产业数字化发展发挥了重要的作用。

对于制造业企业而言，制造业数字化转型作为产业数字化转型的核心体现，对自身产业结构升级具有重要的推动作用（刘凌波和刘军，2023）。产业数字化转型不仅带来了传统产业的技术升级和效率提升，还是产业结构软化和升级的催化剂。从价值的角度来看，数字化转型引进先进的数字技术对传统生产要素进行改造和优化，使得知识、技术、服务和信息等软生产要素的作用日益提高，促进产业结构软化，从而提高企业的生产效率和质量。此外，数字技术成为当下产业结构升级的重要驱动力，其带来的智能制造是培育产业竞争力的重要因素，同时产业数字化发展对产业结构升级具有显著的促进作用（Liu et al.，2022）。从价值的角度来看，产业数字化转型可以通过提升企业的全要素生产率、增加产品的附加价值以及实现产业发展的乘数效应，从而提升企业的生产力和市场竞争力，进而推动产业结构的升级。

综上所述，本书给出了上述的传导机制（见图 3-5），并提出理论假设 H13。

H13：数字化转型通过产业数字化来赋能制造业产业结构升级。

第4章 制造业企业数字化转型与高质量发展的现状分析

学术界对制造业高质量发展的相关实践探索和理论研究由来已久，围绕制造业企业数字化水平测度方面的研究并不多，通过各方面衡量制造业企业高质量发展水平的指标体系涵盖了创新能力评价、竞争力、可持续发展能力评价、先进制造业评价等，但数量指标体系、厘清制造业高质量发展评价的深刻内涵的研究也相对缺乏。为了构建制造业企业数字化水平的评价指标体系，清晰界定制造业高质量发展评价指标，本章结合关于制造业企业的发展研究以及阶段性特征，根据高质量发展的相关内涵解读，提出了衡量制造业企业数字化水平以及评价高质量发展的方案和指标体系。

4.1 制造业企业数字化转型指标体系和测度

4.1.1 制造业企业数字化转型指标体系构建

在研究过程中，目前学术界对企业尤其是制造业信息化和数字化方面发展的研究，主要针对"制造业信息化""制造企业信息化""制造业数字化""制造企业数字化"等，有上百篇期刊文章。在其中关于制造业企业数字化的文献较少，涉及制造企业信息化和制造业信息化的文献则较多，而其中制造业企业数字化转型的硕博论文更是少数。

在这些文献中，研究者们提出了不同的评价指标体系，从不同维度考量了制造业数字化转型水平。例如，王核成等（2021）从数字化战略、研发过程数字化、生产制造数字化、物流数字化等方面筛选了衡量企业数字化成熟度的评价指标；万伦等（2020）从战略与管理、数字化基础设施建设等方面选择和设计了制造业企业数字化转型评价的多个指标；另外则从企业的发展运营、管理、组织等维度评价了制造企业数字化转型的程度。

通过梳理文献，结合数据可得性和合理性，围绕本书的研究目标，即评估制造业数字化转型水平，从制造业企业的数字化产出、数字化投入以及可量化的数字化产品衡量，最终设计了如表4-1所示的制造业企业数字化转型水平测度指标体系。

表4-1　制造业企业数字化转型水平测度指标体系

指标维度	一级指标	二级指标	指标类型
数字化转型产出	数字化综合产出	数字化经济增加值	定量
		文本分析数字化产出	定量
数字化转型投入	数字化资产投入	无形资产比重	定量
		数字化基础设施	定量
	数字化人才投入	数字人才投入	定量
数字化转型产品	软件产品	软件业务收入	定量
	技术支持	技术合同成交额	定量

资料来源：笔者整理。

该指标体系涵盖了数字化转型产出、数字化转型投入、数字化转型人才投入、数字化转型三个一级指标，包括与之对应的二级指标。这个指标体系在构建过程中，综合考虑了制造业企业生产、投入和产出方面的数字化转型测度，能够有效衡量制造业企业在整体上向数字化方向的投入力度和最终产出结果（见表4-1）。

4.1.2　指标指数的测算方法

在研究中，通常使用各种方法来综合评价指标体系中的基础指标，这些方法包括层次分析法、熵值法、主观评价法和主成分分析法等。然而，其中的层次分析法和主观评价法容易受到主观因素的影响，而熵值法和主成分分析法可能导致有效信息遗漏和损失。

为了解决上述问题，本书采用了层次分析法和 BP 神经网络算法的测算方式，用于评估制造业高质量发展水平。这种方法不仅确保了权重的客观性，还最大可能地保留评价目标之间的整体差异，非常适合处理面板数据。层次分析法在多个领域得到了广泛应用，如企业信用评价、资源环境承载力和国家创新驱动力测度等。

尽管这种方法可能破坏数据在时间上的顺序，但通过与 BP 神经网络算法的结合，可以修正指标合成结果，用于机制预警，并结合其他现有的指标合成方法进行修正。这种结合了层次分析法和基于深度学习平台的 BP 神经网络算法，既客观地使用了生产经营过程中的数据，又最大限度地避免计算过程中可能的误差，从而保证了指标合成结果的有效性和科学性。

层次分析法作为客观赋权法，其基本原理如下：

$$y_i(t_k) = \sum_{j=1}^{m} \omega_j X_{ij}^*(t_k) \tag{4-1}$$

式中，$k=1, 2, \cdots, T$；$i=1, 2, \cdots, n$；$y_i(t_k)$ 为所合成目标在时刻 t_k 处的综合评价得分；ω_j 为权重；$X_{ij}^*(t_k)$ 为所选取的指标在 t_k 时刻的标准化值。

BP 神经网络算法是一种重要的机器学习算法，广泛应用于各种领域，如信号处理、机器学习、深度学习等。它通过反向传播算法，不断调整神经网络的权重和偏置，使得输出结果更加接近实际值。BP 神经网络算法是一种多层前馈神经网络，它由输入层、隐藏层和输出层组成。BP 神经网络算法的运算过程包括正向传播和反向传播前后两个阶段。正向传播是指输入样本数据，通过网络向前传播，计算每一层的输出值。反向传播是指根据输出值和实际值的误差，通过反向传播算法，对每一层的权重和偏置进行更新。具体而言，反向传播算法是根据梯度下降算法来计算的，通过对每一层权重和偏置的更新，使得误差逐渐减小，最终达到期望的输出结果。

本书使用 BP 神经网络算法来对制造业数字化转型指数和制造业高质量发展指数进行计算。具体步骤如下：首先，对所有指标进行标准化处理，然后使用层次分析法来计算各维度的能力评价得分。其次，使用层次分析法计算各维度的权重，然后对能力评价得分进行加权平均，就可以得到初步的指数评分。最后，采用 BP 神经网络算法对通过层次分析法得到的结果进行修正。在修正进行过程中，不断调整输出结果与预期的减值，设定合适的梯度，保证结果不断往正确的方向移动，以获得最终的较为符合数据和现实的指数结果，修正率通常控制在 80%～90%。

4.1.3　制造业数字化转型指数计算

基于上述制造业企业数字化转型指标体系和计算方法，本章对 2012～2022 年 313 家制造业上市公司的相关数据进行了统计计算，计算结果如表 4-2 所示。

表 4-2　制造业上市公司数字化转型指数计算

年份	数字化转型产出	数字化转型投入	数字化转型产品	数字化转型指数
2012	0.361	0.549	0.251	1.161
2013	0.368	0.607	0.255	1.230
2014	0.391	0.655	0.269	1.315
2015	0.390	0.683	0.278	1.351
2016	0.458	0.757	0.274	1.489
2017	0.487	0.788	0.321	1.596
2018	0.534	0.821	0.377	1.732
2019	0.560	0.850	0.421	1.831
2020	0.628	0.893	0.448	1.969

续表

年份	数字化转型产出	数字化转型投入	数字化转型产品	数字化转型指数
2021	0.686	0.952	0.491	2.129
2022	0.743	0.969	0.550	2.262

资料来源：笔者整理。

由于本结果计算方法是基于层次分析法和 BP 神经网络算法对影响制造业数字化转型指数的三个主要方面进行计算，对于产出、投入和产品的权重目前是基于等权重处理，但不影响整体评估趋势。从结果来看，2012～2022 年无论是数字化转型产出、投入还是数字化转型产品都有了显著的增长，说明优质的制造业企业都意识到了数字化转型对企业发展的意义；从三个维度来看，数字化转型产出从 2018 年以来才有明显的增长趋势，数字化转型投入从 2016 年开始就有了显著增长，并将这种投入规模一直保持到了 2022 年；而数字化产品的增长较为缓慢，可能与数字化产品的市场规模和应用广度都较小有关。从整体上来看，2012～2022 年我国制造业上市公司在数字化转型的投入和成效方面都较为显著，与我国产出发展的指导方向有重要关系。

4.2　制造业企业高质量发展指标体系与测算

4.2.1　不同视角下制造业高质量发展指标体系回顾

制造业高质量发展指标体系的内涵在现在企业发展的条件下逐步成熟和完善。制造业高质量发展，代表在现代工业体系和国民经济体系下，实现多维度制造业的能力升级。主要包括创新能力视角、竞争力评价、综合发展定位评价等视角。

（1）初期的制造业高质量发展评价指标体系。

在制造业创新能力评价方面，研究者主要关注了自主创新和技术创新这两个方面（见表4-3）。这些研究考虑了各个评价维度的第一次提出年份及其与国家提出制造业强国战略的时间的相关性大小，同时对相关的文章进行总结收集。

表4-3 创新视角的制造业高质量发展评价维度汇总

指标体系类别	评价维度	
	基本维度	创新维度
自主创新能力	创新投入水平 产出水平	研发能力 协同创新、支撑保障能力 创新支撑、共享指标
技术创新能力	技术创新 资源投入能力 研究开发能力 技术创新产出能力	创新支撑保障能力、环保能力、自主创新收益能力、产品营销能力 创新费用融资与创新产品销售能力、形成创新品牌能力 政府支持力度、高校科研院所、科技中介服务水平、信息化水平 技术创新转化吸收能力 技术创新转移吸收能力、环境支撑能力 技术创新支撑能力、内外部协同能力 环境技术创新保障能力 创新资源、创新绩效、创新持续 技术创新、资产结构、人才结构、绿色发展、两化融合发展 技术创新支撑能力

资料来源：笔者整理。

在技术创新方面，研究者主要关注了技术创新投入能力、产出能力以及研发能力等基础性指标。技术创新引入生产的能力和绿色化管理能力等指标也被重视起来，说明学术界对技术创新效率、效果以及保障和支撑方面的研究也比较重视。

随着绿色、协调可持续的发展理念的凸显，绿色创新和两化融合指标也逐渐受到关注。然而，在构建制造业环境研发投入能力的指标方面，一直以来相关研究较少。只有少数研究人员将环保创新的收益和环保的可持续发展影响加入了测度范围，这表明对制造业高质量发展的内涵方面的理解仍然存在不足和偏颇，没有更加深入地探讨环保化、绿色化创新与生产管理层面的问题。一般认为，制造业高质量发展的最终目标是促进经济高质量和稳定发展。

此外，面对西方国家在高端领域的科技封锁和世界多个新兴经济体的技术追赶，我国制造业的自主创新创造能力需要加强，而且较为紧迫，但全面有效的评价和研究目前仍然相对较少。已有的指标体系在一定程度上体现了高质量发展和共享发展的理念，但制造业整体在绿色化发展方面的内容还未被充分强调和考量。

随着大数据、人工智能技术的快速发展，制造业的数字化水平和智能化水平越来越高，知识密集的特征也越来越明显，技术和人力投入所占的比例应当重新考虑，相关指标体系的研究也需要进一步深化。

从总体上来看，制造业高质量发展的评价指标体系在初始阶段更多地关注技术和知识创新的投入与产出。随着对产业的深入理解，逐步纳入了组织协调、绿色化发展、共享融合等方面的考量，但仍然存在一定的片面性，因此需要将开放的维度纳入考虑范围。相较于区域层面的研究关注创新的投入产出效率与效益，国家层面的评价更注重创新的区域协同和两化融合。

（2）制造业竞争力评价指标体系。

制造业竞争力评价涉及多个层面，其中产业竞争力评价是学术界的研究重点（见表4-4）。

表4-4 竞争力视角的制造业竞争力评价维度汇总

基本维度	评价细分维度
竞争潜力、竞争力显性指标 经济效益、技术创新和可持续发展能力 产业投入、产业产出 资本、生产、市场、环境、开放竞争力	管理组织能力、经营环境状况 规模竞争力 产业发展潜力 规模与结构、发展动力 资源环境及社会发展效益 规模竞争力、营运及偿债能力 需求条件、市场结构、政府 初高级生产要素、国内外需求条件 质量要素、质量需求、行业发展机会 增长趋势、生产率、 知识与创新要素 政府要素

资料来源：笔者整理。

制造业的竞争力是一个多层次的概念，包括业务能力、稳健发展能力、创新能力、可持续发展、产品竞争力、品牌竞争力等方面。在竞争力的评价方面，研究者一般首先考虑了现实竞争力、潜在竞争力和核心竞争力，其中研发创新和绿色可持续发展得到了更高的关注。后续的研究逐渐引入市场、政府、质量和社会效益等因素，强调市场的决定性作用和政府的引导支持作用，尽管社会保障与支持层面的因素尚未得到充分考虑。

在不同视角的竞争力评价中，创新能力是最重要的维度之一，紧随其后的是规模因素和发展潜力。这表明经济稳定增长与可持续竞争力的维持之前需要实现均衡。随着我国在制造业高质量发展战略和方向政策的制定，研究者更加关注制造业内在价值的实现。制造业内在价值的实现、绿色化发展和长远价值竞争力成为评判一个制造企业综合实力的重要标准。

总体来说，制造业高质量发展水平评价指标体系的研究经历了不同阶段，从最初的经济效益、潜在竞争力和核心竞争力到后来的市场、政府、质量和社会效益等多维度考虑。在不同的评价视角下，创新能力一直是关注重点，其重要性得到了突出。规模和发展潜力也在竞争力评价中占据重要地位。随着政策和发展方向的变化，绿色、协调和价值等方面的竞争力也受到了越来越多的重视。

4.2.2 制造业高质量发展指标体系和测算

（1）制造业高质量发展的测算逻辑。

制造业高质量发展是制造业产业在一定时代和产业背景下，整体产业体系的发展质量达到最优状态的表现，能够体现当前我国新发展理念中的创新、协调、绿色、开放、共享等要素，核心特征为多维性。在产业层面，高质量发展是推动产业基础高级化和产业链现代化的过程，实现产业链的各环节、全过程的充分发展。制造业的核心环节包括研发设计、生产制造、市场匹配三个关键环节。这三个关键环节相互影响、相互促进，形成正向反馈机制。构建制造业高质量发展的测度体系，需以这几个关键环节为基础构建体系，在这个体系中，研发设计环节主要关注创新水平，生产制造环节关注效率水平，市场匹配环节则考察国内外市场的契合程度。与传统的"投入—产出"分析不同，这个方法更准确地刻画了制造业技术能力和市场适应能力的发展情况。同时，随着新一轮科技革命的展开，和人工智能技术的深度应用，制造业企业也逐步从传统的生产方式向新时代的信息化数字化生产方式转变。大数据帮助制造业企业收集并处理大量数据，从而获取更深入的消费者洞察和市场趋势分析，云计算技术的应用则使得制造业企业能够实现更高效的资源共享和协同工作，人工智能还帮助制造业企业实现个性化定制和柔性生产，以满足消费者对多样化产品和服务的需求。这些都显著地帮助企业提升了市场匹配的精准度、提高了制造业企业的效益。因此，市场匹配环节的引入更好地反映了时代特征，符合产业数字化转型和新旧经营模式转换的需求。此外，有学者在中国制造业核心创新能力、发展功能定位和产业结构方面的分析中，提到了通过架构创新和标准创新，强化可持续发展能力和绿色化发展能力，在实现经济效益的同时也达到社会效益，并在技术创新的推动下，完成产业结构升级。因此，在这个基础测度体系上，考虑绿色环保的维度是有必要的。

基于制造业高质量发展的测度的思路和逻辑，在综合考虑数据的合理性、可得性和可靠性的基础上，本书从生产制造、绿色发展、产业融合和制造业产业结构升级四个核心维度构建了制造业高质量发展的评价指标体系（见表4-5）。

表 4-5　制造业高质量发展的评价指标体系

一级指标	二级指标
生产效率	总产出、劳动力投入 资本投入、中间投入
绿色发展	绿色专利申请数量 绿色专利申请占总专利申请的比例 能源利用率
产业融合	基于产业规模、经济效益、发展潜力的耦合协调度
产业结构升级	产业结构升级指数

资料来源：笔者整理。

在生产制造环节，使用了总产出效率、资本生产率、劳动生产率以及中间投入来衡量生产效率。总产出效率考虑了总体生产能力，资本生产率考虑了资本和资金的利用效率关系，而劳动生产率则考虑了资本和从业人员数量之间的比例。绿色环保环节，绿色专利申请数量和绿色专利申请数据占总申请数据的比例反映了企业在绿色技术方面的投入水平，能源利用率为有效能源输出与能源输入的比值。在产业融合方面，主要考量制造业与服务的融合，在衡量融合水平方面，考虑了产业规模、经济效益和发展潜力，并基于这三者构建了耦合协调度指数，根据耦合协调度来评价制造业与服务融合的水平；在产业结构升级方面，主要考虑产业结构的合理化和产业结构的高级化两个方面构成产业结构升级指数。

（2）制造业高质量发展体系测算。

基于上文对制造业高质量发展评价指标体系的细分维度，本章根据2012～2022年313家制造业上市公司的数据和国家统计局网站的数据进行测算，测算方法同上节数字化转型指标的测算方法，即通过层次分析法对一级细分维度内的指标进行打分排序，计算出单一维度的指数分数，最后再通过等权重的方式整合四个一级维度得到制造业企业高质量发展指数的综合值。具体测算结果如表4-6所示。

表4-6　制造业高质量发展指数测算结果

年份	生产效率	绿色发展	产业融合	产业结构升级	高质量发展指数
2012	0.749	0.561	0.281	0.384	1.975
2013	0.807	0.561	0.255	0.331	1.954
2014	0.855	0.591	0.229	0.391	2.066
2015	0.883	0.590	0.288	0.371	2.132
2016	0.926	0.658	0.304	0.409	2.257
2017	0.930	0.688	0.315	0.459	2.332
2018	1.000	0.734	0.361	0.475	2.490
2019	0.981	0.760	0.414	0.513	2.578
2020	0.955	0.808	0.455	0.582	2.630

续表

年份	生产效率	绿色发展	产业融合	产业结构升级	高质量发展指数
2021	0.992	0.858	0.461	0.629	2.810
2022	1.000	0.903	0.450	0.680	2.863

资料来源：笔者整理。

从上面的测算结果来看，基于本章设定的制造业高质量发展指标体系而计算的 2012~2022 年我国制造业上市公司的高质量发展指数同样在近十年出现了显著增长。但从一级细分维度来看的话，会发现一些重要规律，揭示了在企业的高质量发展中的结构性问题。从生产效率来看，在早期这一维度指标占比会较高，2012 年就达到了 0.749，随着生产力的发展，制造业的生产效率也一直在提高，但到 2018 年，增长的趋势就已经放缓，整体处于平稳状态，说明制造业的生产效率已经到达一个临界值或者因产能溢出主动减少相关的投入；从绿色发展指数来看，制造业上市公司的发展成效显著，从 2012 年的 0.561 增长到 2022 年的 0.903，说明我国制造业对绿色发展的重视，同时也说明我国环境规制对制造业的产出产生了显著影响；从产业融合来看，由于本章的产业融合主要是计算制造业和服务业融合程度，可以看出，产业融合程度在不断增加，但增长的趋势较缓，说明产业融合涉及的因素较多，难度较大，且由于不同产业间的经营逻辑问题，融合有上限；从产业结构升级指数来看，该指数有显著提升，由于该产业结构升级指数主要包括两个方面：一是制造业高端化成果，二是第三产业产值与第二产业产值对比，虽然增长不如绿色发展指数，但同样取得了明显的成果。

4.3 本章总结

本章对过往研究中关于制造业数字化转型指标和高质量发展指标的内容进行了梳理，并基于新时期新要求和数据可得性等建立更加符合当前情况的数字化转型指标体系和高质量发展指标体系。在数字化转型指标体系中，主要关注数字化产出、数字化投入和数字化产品的定量结果；在高质量发展指标体系中，主要关注制造业企业生产效率的提升、绿色发展成效、制造业与服务业的融合以及制造业的产业结构升级。并且，本章基于层次分析法和 BP 神经网络算法对 2012～2022 年 313 家制造业上市公司的数字化转型指标和高质量发展指标进行了测算，得到了一些数据上的结论，从直观上得到了近十年我国制造业企业在数字化转型和高质量发展方面取得的成效。整体而言，都在良性向好发展，但从学术研究的角度来看，仍然需要更加完整、合理且正确的方式研究讨论制造业数字化转型与高质量发展之间的关系，后续章节将采用实证模型进一步研究制造业数字化转型对高质量发展四个维度的具体影响。

5 数字化转型提升制造业企业全要素生产率的实证研究

为了验证第三章的理论假设，本章首先采用双向固定效应面板数据模型来实证考察数字化转型对制造业企业生产率的线性影响，并采用面板门槛模型考察数字化转型对制造业企业生产率的非线性影响；其次，从克服内生性问题开展稳健性检验，以确保实证结果的可靠性；再次，从企业产权性质、企业规模、市场化水平和地理位置四个方面进行相应的异质性分析，以获得丰富的实证结果；最后，采用中介效应模型，从内控管理和成本控制两个方面来实证检验数字化转型对制造业企业生产率的传导机制。

5.1 实证设计

5.1.1 数据说明

在本章的实证研究中，以工业领域的企业微观数据作为制造业企业的数据，主要以两份不同来源的数据进行实证分析，以满足数据可得性和可比性的要求。

第一份是通过国家统计局网站获取的投入产出表数据。该数据基于产业关联理论构建而成，可以从数据的关联中找出不同产业部门之间的供需关系和产业链关系，在一定程度上具有可追溯性，能够显示产业部门间的技术和经济联系，反映了各个制造业和非制造业产业部门间、上下游之间的关联关系。通过分析数字产业部门与下游产业部门的投入产出关系，构建了数字化转型水平指标，用以研究数字化转型对企业全要素生产率的影响。鉴于数据可获得性的限制，本章选择了 2012 年、2017 年和 2018 年的数据，用于计算数字化转型调整系数和数字化转型水平。

第二份是基于中国 A 股上市的工业企业层面的数据。选择 2011~2022 年工业领域的企业数据，这些数据来自 Wind 数据库和国泰安数据库（CSMAR），数据内容除了企业基本信息和一般经营指标以外，还选取了企业的治理信息、财务指标等。在数据处理上，先剔除异常样本：首先，排除上市不满一年的企业，以避免可能的 IPO 效应；其次，剔除存在重要指标缺失或波动较大的样本；再次，剔除在财务计算逻辑方面有明显不合理的样本；最后，剔除已经被 ST 的企业。经过上述步骤处理后，本章对剔除前后的样本进行了均值和中位数的差异检验。结果显示，大多数变量的均值和中位数在剔除前后并没有显著差异，这表明样本的剔除是随机的，不会对研究结果造成显著偏差。然后通过对剔除前后的样本进行面板回归分析，进一步确认样本剔除的合理性的同时，再利用逆概率加权法处理样本。逆概率加权法是一种能够纠正选择偏误的方法，可以有效解决样本选择偏误带来的估计偏误问题。结果显示，采用逆概率加权法处理样本之后，大多数变量的均值和中位数差异检验结果不显著，与未剔除样本之前的结果非常接近。

针对以上两份数据，本章进行了以下的匹配和整理工作：首先，对数据报表中所在的行业进行了整合和分类，主要是基于证监会行业分类，最终得到了 40 个工业行业。其次，在此基础上筛选出了 2643 家工业企业，共计 7388 条观测值，作为本章的实证分析的样本数据。

5.1.2　变量说明

（1）被解释变量。

企业高质量发展程度可以通过企业层面的全要素生产率（TFP）来衡量，选用企业层面的全要素生产率作为制造业发展水平的指标，能够最大限度地衡量企业作为生产系统中的各个要素的生产率，体现高质量发展。数字化转型已成为制造业高质量发展的关键因素，数字化转型通过引入创新的技术和手段，从根本上提高了制造业企业的全要素生产率效率和产品质量，进一步推动了实体经济向智能化和数字化方向的转型。

传统的基于最小二乘法的方法计算全要素生产率，需要仔细考虑变量的内生性问题及相关数据信息的损失。根据过往文献对企业全要素生产率的研究估计方法，本章最后选择使用 LP 方法。采用 LP 方法是因为上市公司在样本选取期内的整体差异较少，LP 方法更加适合计算上市公司的全要素生产率。在应用 LP 方法计算全要素生产率时，主要选取以下四个变量进行估计：

1）劳动力投入。用支付给职工和为职工支付的现金来表示。

2）资本投入。用固定资产净值来表示，包括机器、设备、厂房等固定资产的净值。

3）中间投入。用营业成本加上企业的销售费用、管理费用、财务费用，再减去企业的当期计提折旧和摊销以及劳动力投入的现金表示。

4）总产出。总产出是企业经营成果的直接体现，以年度营业收入来衡量。

（2）解释变量。

数字化转型水平。本章将产业统计分类中核心产业的部门分类作为数字化转型的部门分类。在此基础上，从这块整理出的部门分类中具体分析出包含了数字化转型核心的部门。根据前文对于数字化转型评价指标，本章确定了一个系数，使用在特定行业中数字化转型增加值占该行业总增加值的比重，用于对数据的简化。这个指标的这一调整系数可以通过式（5-1）表示：

$$\text{数字化水平}\ \rho_{jt} = \frac{\text{行业数字化增加值}}{\text{行业总增加值}} \qquad (5-1)$$

从估算的角度，假设制造业产业在数字化转型的中间其他消耗占数字化转型总产出的比重与其所属大行业的中间消耗占总产出的比重相同，从而可以具体算出数字化转型产出所占比重。

然后，再计算出各产业的投入系数 σ_{jn}，σ_{jn} 表示 j 行业使用 n 行业的产品产值在 j 行业总投入中所占的比重。企业 i 所属行业 j 的数字化转型水平 DI_{jt} 按式 (5-2) 计算：

$$DI_{jt} = \sum_{n,\ n \neq j} \sigma_{jn} \cdot \rho_{jt} \qquad (5-2)$$

与目前大多数研究不同，本章将具体数字化转型水平的关注点聚焦到企业层面，从考虑企业层面的数字化转型水平。企业 i 数字化转型水平 DI_{ijt} 按式 (5-3) 计算：

$$DI_{ijt} = \frac{RDP_{ij,t-1}}{RDP\_median_{t-1}} \cdot DI_{jt} \qquad (5-3)$$

其中，$\dfrac{RDP_{ij,t-1}}{RDP\_median_{t-1}}$ 表示企业 i 研发人员数量占比与所有企业研发人员数量占比中位数的比值。

在控制变量的选择中，考虑了企业、行业、地区三个层面的因素以进一步识别数字化转型对企业全要素生产率的影响。

一是企业层面因素：分别用企业规模（scale）、资产负债率（debt）、企业年龄（age）、企业资本密集度（kl_ratio）、企业流动性（ca_ratio）、企业融资约束（fin_con）来表示。其中，企业规模、企业年龄、企业资本密集度和企业流动性需取对数。

二是行业层面因素：基于对行业集中度的考虑来反映对市场竞争的影响，主要用行业企业数量（num）取对数来表示行业层面的控制变量，同时使用了赫芬达尔指数（HHI）。

三是地区层面因素：分别使用各地区的实际人均 GDP（per_gdp）、地区人口增长率（*peo_rate*）来表示。

综合考虑了上述各因素后，将能够更准确地分析数字化转型对企业生产率的影响，并排除其他潜在影响因素的干扰。

对于实证结果的稳健性检验，本章采用 ACF 方法计算得出的企业全要素生产率来进行稳健性检验。

5.1.3　模型设定

为探究数字化转型对制造业高质量发展的影响，基准计量模型的设定如式（5-4）所示：

$$\ln TFP_{ijt} = \alpha + \beta_0 DI_{ijt} + \gamma' X_{ijt} + \delta_t + \vartheta_i + \gamma_j + \varepsilon_{ijt} \tag{5-4}$$

其中，i 表示企业；j 表示行业；t 表示年份；$\ln TFP_{ijt}$ 为被解释变量，表示企业 i 在第 t 年的全要素生产率，用来衡量制造业高质量发展水平；DI_{ijt} 为本章的核心解释变量，表示企业 i 的数字化转型水平；X_{ijt} 表示企业、行业以及企业所在地区的控制变量；ε_{ijt} 为随机扰动项。为了能够更准确评估数字化转型水平对企业全要素生产率的影响，采取了以下方法来控制潜在的影响因素并减少内生性问题的可能性。首先，考虑到控制不同行业和不同地区，以及每年特有的因素对结果的影响，引入了行业、地区和年份固定效应。其次，采用标准误的聚类方法，将相似的误差项聚在一起，从而减少它们之间的相关性，提高模型估计的准确性，尽可能消除同一行业内企业之间的相关性对模型估计的干扰。通过对数据进行行业层面的聚类分析，将相似的行业归为同一类，对每一类行业进行单独的模型估计，得到每个类别的模型系数。然后将每个类别的模型系数进行平均，得到整个行业的模型系数。最后，利用得到的模型系数对所有企业进行预测，得到每个企业的预测值，减少行业内的相关性，提高模型估计的准确性。同时，可以发现不同企业之间的差异，能够帮助企业更好地理解自身的经营情况。

5.2 实证检验与分析

5.2.1 基准回归结果

表5-1呈现了数字化转型对制造业企业全要素生产率的影响估计结果。第（1）列为不加任何控制的回归结果，显示数字化转型对制造业全要素率是显著正向的，系数通过了1%的显著性水平检验。后面的第（2）列到第（4）列，分别考虑了前述的几个层面控制变量，并进一步加入了时间、行业和地区的固定效应。研究结果表明，数字化转型的回归系数是显著正向的，同样都通过了1%的显著性水平检验，显示数字化转型能在不同层面提高企业的全要素生产率，进而促进制造业的高质量发展。

表 5-1 基准回归结果

解释变量		被解释变量：制造业高质量发展（lnTFP）				
		(1)	(2)	(3)	(4)	(5)
数字化转型指标	DI	0.511*** (0.131)	0.365** (0.105)	0.354*** (0.101)	0.312*** (0.104)	0.321*** (0.109)
企业控制变量	$scale$		0.389*** (0.036)	0.407*** (0.034)	0.402*** (0.035)	0.419*** (0.037)
	$debt$		0.438*** (0.132)	0.437*** (0.134)	0.443*** (0.142)	0.439*** (0.143)
	age		0.012 (0.024)	0.017 (0.022)	0.029 (0.027)	0.041 (0.026)
	kl_ratio		-0.001 (0.026)	-0.003 (0.027)	0.004 (0.0030)	-0.001 (0.032)

续表

解释变量		被解释变量：制造业高质量发展（In*TFP*）				
		(1)	(2)	(3)	(4)	(5)
企业控制变量	ca_ratio		1.538 *** (0.169)	1.542 *** (0.168)	1.617 *** (0.211)	1.611 *** (0.202)
	fin_con		−0.105 *** (0.019)	−0.116 *** (0.018)	−0.107 *** (0.024)	−0.101 *** (0.023)
行业控制变量	hhi			−0.033 (0.033)	−0.024 (0.032)	−0.037 (0.029)
	num			−0.051 (0.079)	−0.018 (0.089)	−0.029 (0.092)
地区控制变量	per_gdp				0.029 (0.089)	−0.019 (0.149)
	peo_rate				0.207 (0.267)	0.359 (0.312)
固定效应		是	是	是	是	是
地区—时间固定效应		否	否	否	否	是
观测值数量		5343	5511	5456	4223	5343
R^2		0.231	0.491	0.492	0.507	0.521

注：括号内为标准误，＊＊＊表示在1%水平上显著。

对于控制变量的估计结果，基本上与经济常识相一致。例如，从企业层面的规模因素看，其系数在考虑不同层面的控制变量特征下，一直都呈现为正向估计系数，可能意味着由于规模较大的公司才有可能具备足够的资金、人员和相关的管理方法的实力、从而更有效地进行研发投入，采用先进的生产技术和设备，进一步提高企业的全要素生产率。同样地，企业流动性也呈正向估计系数，这里主要是用短期偿债能力来表示，虽然从学理上还没有足够的证据表明全要素生产率与短期偿债能力之间一定存在直接的正相关关系，但本章的回归结果表明短期偿债能力对提升全要素生产率具有一定促进作用，可能是企业的良好短期偿债能力让其能应对资金压力，也说明企业有足够的盈利能力，从而使得企业资金能用于提高全要素生产率。同时，结果显示，企业融资限制的负向估计系数，表明融资限制可能会对企业全要素生产率的提高产生制约作用。这可能是因为融资限制使企业无法获得足够的资金来支持其生产和投资活动，从而影响了企业的生产效率和创新能力。此外，融资限制还可能影响企业的投资决策，使其无法投资于那些能够提高生产效率和生产质量的设备和工艺。这样，企业的全要素生产率就会受到不利影响。

鉴于某些地区层面的未观测因素可能会影响企业的生产率，第（5）列进一步引入了"地区×时间"固定效应，以控制随时间变化的各地区因素的影响。最终结果显示解释变量的系数仍然显著，可以认为：数字化转型显著推动中国制造业企业的生产率提升，推动了制造业的高质量发展，这是本章的核心结论，同时，这一结果也充分验证了本书第一个假设 H1 的合理性。

5.2.2 门槛回归结果

尽管其他控制变量的估计结果在统计上不显著，但它们在经济意义上与我们的直觉是一致的。接下来，进行了数字化转型对生产率促进效应的边际贡献程度分析，以验证假设 H2。本章采用了面板门槛回归模型进行实证检验，在进行门槛模型估计之前，经过 1000 次随机抽样，得出数字化转型门槛变量通过了单一门槛检验，但未通过双重和三重门槛检验。

表 5-2 的列（1）到列（4），展示了本次门槛回归的结果，在逐步考虑企业、行业、地区控制变量后，其特征结构都显示出较为明显的非线性。从最后一列结果来看，当数字化转型水平在门槛值 6.434 以下时，企业每提高 1 个百分点的数字化转型水平，全要素生产率将增加 0.258 个百分点。当数字化转型水平在门槛值 6.434 以上时，企业每提高 1 个百分点的数字化转型水平，全要素生产率将增加 0.288 个百分点。这表明随着数字化转型程度的增加，数字化转型对制造业企业全要素生产率提升效应呈现出显著的正向非线性关系，且其边际贡献有所增加，验证了本书的第二个理论假设 H2 的合理性。

表 5-2　门槛回归结果

解释变量	被解释变量：制造业高质量发展（lnTFP）			
	（1）	（2）	（3）	（4）
$DI \cdot I$（$Th \leqslant q$）	1.405 ***	0.453 ***	0.256 **	0.258 **
	(0.144)	(0.107)	(0.106)	(0.119)
$DI \cdot I$（$Th > q$）	1.948 ***	0.502 ***	0.319 ***	0.288 ***
	(0.266)	(0.105)	(0.106)	(0.101)
q	6.433	6.545	6.562	6.434
企业控制变量	否	是	是	是
行业控制变量	否	否	是	是
地区控制变量	否	否	否	是
观测值数量	5343	5511	5456	4223
R^2	0.096	0.452	0.478	0.512

注：括号内为 t 检验值，***、** 分别表示在 1%、5% 水平上显著。

5.2.3　稳健性检验

为了确保回归结果的可信度，基准回归引入时间固定效应控制每年特有的时间趋势，如宏观经济环境的变化、政策调整或季节性影响等。纳入时间固定效应，可以消除这些时间特征对于企业全要素生产率的影响，从而更准确地评估企业特定因素的作用。引入行业固定效应控制不同行业之间的差异，包括行业特定的技术趋势、市场竞争状况或行业政策等。通过引入行业固定效应，可以消除这些行业特性对于企业全要素生产率的影响，从而更准确地评估企业在同一行业内的差异。引入地区固定效应控制不同地区之间的差异，包括地区特定的经济发展水平、资源禀赋或政策环境等。通过纳入地区固定效应，可以消除这些地区特性对于企业全要素生产率的影响，从而更准确地评估同一地区内的企业差异。此外，还通过在行业层面对标准误差进行聚类，来减少行业内企业间相关性对模型估计结果的潜在影响。

在企业数字化转型中，如果反过来，企业的全要素生产率提高对数字化转型的推进有积极影响，而这个影响在数据中被错误地归因于数字化转型的推进对生产效率的影响，这无疑导致了内生性问题。企业可能会因为已经具有更高的全要素生产率，所以更积极地进行数字化转型，以进一步利用数字化转型带来的递增边际效应，在这种情况下，因果关系的方向并不是单一的，而是存在复杂的互动关系。因此，为了解决内生性问题、准确评估数字化转型对制造业高质量发展的净影响，这里采用了工具变量法。参考黄群慧等（2020）的研究，考虑计算机、通信以及其他电子设备制造业以及信息传输、计算机服务和软件业这两个行业，通常来说，这两个行业在较早期就已充分反映出行业的数字化水平，于是前述两个行业对其他部门的中间投入比例作为工具变量。数据时期为 2002 年，由于时间间隔接近 20 年，当时的投入比例是不可能直接作用于现阶段企业的全要素生产率的，因此满足工具变量的外生性规定。为了在固定效应模型中使用这些工具变量，需要将这些工具变量与时间相关的其他变量进行交互，以增强它们对模型中其他变量的预测能力。将行业层面的中间投入比例与上年全国这两个行业的全社会固定资产投资额进行交互，以更好地捕捉该行业的投资变化和其他因素对该行业数字化转型的影响。此外，使用企业研发人员数量占比与所有企业研发人员数量占比的中位数比值作为权重，将行业层面的工具变量分解到企业层面用于分析，以更好地反映不同企业之间的差异和它们对数字化转型的贡献，这里数据来源于国家统计局。

工具变量回归的结果如表 5-3 所示。可以观察到，各个回归结果的内生变量和工具变量的数量完全匹配，这表明模型具有适当的识别性质，并没有过度识别检验的必要。Cragg-Donald Wald F 统计量在弱工具变量检验中超过了 Stock-Yogo 检验的临界值，所选择的工具变量与内生解释变量相关，这个工具变量可以有效地替代内生解释变量，拒绝弱工具变量的零假设，意味着这个工具变量的选择是合理的。通过解决内生性问题，这里得到了更准确的结果。这个结果仍然显示数字化转型对企业的全要素生产率有显著的正向影响，这与未解决内生性问题前的基准回归结果是一致的。这说明数字化转型确实对企业全要素生产率有积极影响，而且这个影响在考虑了内生性问题后依然显著，进一步证实了数字化转型对企业全要素生产率的正面影响。此外，核心变量的估计系数变化较小，这表明解释变量的测量误差对结果的影响相对较小。

表 5-3　工具变量回归结果

解释变量	被解释变量：制造业高质量发展（lnTFP）			
	（1）	（2）	（3）	（4）
DI	0.433***	0.434***	0.412***	0.422***
	(0.048)	(0.047)	(0.046)	(0.050)
企业控制变量	是	是	是	是
行业控制变量	否	是	是	是
地区控制变量	否	否	是	是
固定效应	是	是	是	是
地区—时间固定效应	是	是	否	是
Panel B：第一阶段回归结果				
IV	0.635***	0.625***	0.618***	0.627***
	(0.008)	(0.008)	(0.008)	(0.008)
控制变量	是	是	是	是
第一阶段 F 统计量	453.6	474.9	450.2	459.4
	[16.38]	[16.38]	[16.38]	[16.38]
观测值数量	5522	5522	4210	4210
R^2	0.505	0.506	0.507	0.521

Panel A：第二阶段回归结果

注：括号内为标准误，*** 表示在 1% 水平上显著。

5.3　异质性分析

前文研究表明，数字化转型水平的提高对推动制造业高质量发展，促进制造业企业生产效率增长有着显著作用。但是，这种显著作用是一种平均效应，这可能掩盖了不同企业和不同地区之间的异质性影响。因此，接下来从企业层面和地区层面的角度进行分组检验，以考察数字化转型对制造业高质量发展的影响是否存在差异性。企业层面，主要是对企业的产权性质和企业的规模进行分组检验，地区层面则是从市场化程度和地理位置的角度进行分组检验。

5.3.1　企业产权性质

国有企业一般拥有相应的背景、政策支持，在信贷市场的融资门槛较低，受到的融资约束更弱。而非国有企业在信贷市场上处于相对劣势的地位，两者的经营策略也有一定的差异，于是，对样本进行了国有制企业和非国有制企业的分组回归。研究结果表明，数字化转型对国有制和非国有制企业的生产率均有显著提升作用。具体而言，每提高 1 个百分点的数字化转型水平，国有制企业的全要素生产率将增加 0.474 个百分点，而非国有企业的全要素生产率将增加 0.391 个百分点。此外，在数字化转型的过程中，国有企业可以充分利用融资约束弱这一优势，引入更多的资金投入数字化建设，从而更快地实现数字化转型。而非国有企业则往往面临融资难、资金紧张等问题，导致其数字化转型步伐相对较慢。然而，也有一些非国有企业通过创新融资模式和寻求新的资金来源，成功地进行了数字化转型。但非国有企业由于更严重地受到其他生产要素的限制，需要付出更多的努力和时间。

5.3.2　企业规模

数字化转型对不同规模的企业可能产生异质化影响。这里根据 2019 年的相关数据将企业分为大型企业和中小微企业。研究结果表明，数字化转型对大型企业的生产率提升具有显著的影响，这可能是因为大型企业具有更多的资源、技术和知识来实施数字化转型并从中受益，可以通过规模经济优势来降低成本，从而提高生产效率。大型企业在资本和劳动等要素资源方面具有优势，更容易缓解融资约束并增加企业的营业收入。此外，大型企业更容易进行高投入的研发活动，从而进一步提高其创新能力和生产率。然而，对于中小微型企业来说，数字化转型对其生产率的影响并不明显，这可能与这些企业缺乏必要的资源、技术和知识有关，或者数字化转型可能带来的成本和风险对于这些企业来说过大。此外，由于中小微型企业的规模和业务范围相对较小，数字化转型的潜在效益可能不如大型企业那样明显，导致管理者的积极性相对较低。

5.3.3 市场化水平

不同地区的体制环境可能会导致数字化转型对制造业高质量发展的影响存在差异。参考樊纲市场化指数计算体系来衡量不同地区的市场化水平，市场化指数值越高，表示该地区的市场化水平越高。根据市场化指数的平均值，将样本分为市场化水平较高和较低的两个地区。表5-4的研究结果表明，数字化转型显著提高了市场化水平较高地区企业的生产率，但对市场化水平较低地区的影响不太显著。关于市场化水平较高地区有着显著促进作用的原因，一般认为是主要通过促进创新研发和减少企业外部融资限制等方面机制实现的。而伴随着市场化改革的深入，资源会得到更加优化的配置。市场化水平较高的行业或地区通常具备更加稳定、透明和公平的政策环境。这种政策环境可以吸引更多的投资者和创业者进入这些地区，从而增加市场主体数量和活跃度。市场化水平较高的行业或地区通常具备更加完善的市场机制和价格机制，能够真实反映市场供求关系和资源稀缺程度，从而引导资源向更加高效的方向流动，实现更高效配置。市场化水平较高的行业或地区通常拥有更加多元化的市场主体，包括国有企业、民营企业、外资企业等。这些市场主体在市场竞争中相互促进，共同推动行业或地区的发展。这些市场主体还具备更强的创新能力和市场拓展能力，能够更好地适应市场需求变化和市场竞争环境，从而推动数字化转型与制造业高质量发展更好地融合。

表 5-4　市场化程度和地理位置异质性分析（2SLS）

解释变量	被解释变量：制造业高质量发展（lnTFP）			
	市场化程度		地理位置	
	市场化程度较高	市场化程度较低	沿海地区	内陆地区
	（1）	（2）	（3）	（4）
DI	0.404***	0.169	0.379***	0.181
	(0.049)	(0.132)	(0.039)	(0.137)
控制变量	是	是	是	是
固定效应	是	是	是	是
地区—时间固定效应	是	是	是	是
第一阶段 F 统计量	43430	10096	4625	4436
	[16.38]	[16.38]	[16.38]	[16.38]
观测值数量	1239	298	1321	538
R^2	0.529	0.526	0.514	0.547

注：括号内为标准误，中括号内是 Stock-Yoga 检验的临界值，***表示在 1%水平上显著。

5.3.4　地理位置

根据企业所在地的地理位置将其分为沿海企业和内陆企业，以研究数字化转型对不同地区制造业高质量发展的差异性影响。表 5-4 的结果显示，在地理位置方面，沿海地区具有得天独厚的优势。它们往往交通便利、信息通畅，为企业提供了更好的发展环境。沿海地区一般市场经济更为发达，更能发挥市场在资源配置中的决定性作用，沿海地区的地方政府为鼓励企业转型升级，提供了多种支持措施，包括税收优惠、专项资金支持等。这些政策为企业数字化转型降低了成本，减轻了风险，使更多的企业能够享受到数字化转型带来的福利。沿海地区，特别是沿海都市，更能吸引优秀人才加入企业，为企业的技术创新发展提供了源源不断的动力。

综上所述，本节从不同角度考察了数字化转型对制造业高质量发展的影响的异质性。通过分析企业层面和地区层面的异质性，发现数字化转型对于不同类型的企业和地区可能存在不同程度的影响，进一步丰富了数字化转型对制造业高质量发展的认识。

5.4　传导机制检验

以上估计结果表明，数字化转型在提升企业全要素生产率和推动制造业高质量发展方面具有显著作用。接下来，将结合数字化发展在经济实践中的体现，深入探讨数字化转型如何推动制造业高质量发展，以验证其内在机制。建立企业竞争优势需要注重内控管理和成本控制，以寻找有效的方法来改善成本，从而在市场中取得更好的发展。

5.4.1　内控管理

良好的内控管理能够确保企业各项管理工作按规范进行，避免管理质量问题，为良好经营发展奠定基础。数字化转型对制造业高质量发展的促进作用可能会受到企业内控管理的影响，优良的内控管理能够推动企业更高效、更高质量的发展。为衡量企业内控管理力度，使用迪博数据库提供的上市公司内控管理指数。内控管理估计结果见表 5-5 的列（1）。中介效应的第一阶段结果显示，数字化转型系数在 1% 的显著水平上为正，这意味着企业的数字化转型显著提升了内控管理力度。第二阶段结果表明，数字化转型和中介变量的系数都通过了显著性检验，并且 Sobel 检验也支持部分中介效应的存在。这可能的解释是：一方面，数字化转型通过引入先进的信息化管理系统，可以实现企业各部门之间的信息共享和协同工作，打破部门壁垒，加强企业内部的一体化管理，减少组织层级之间的代理问题。通过实时数据监控和分析，可以在生产过程中及时发现和纠正错误。借助实时数据反馈，管理人员可以迅速了解生产过程中的问题，并在最短时

表5-5 影响机制检验：内控管理和成本控制（2SLS）

Panel A：中介效应第一阶段检验结果

解释变量	内控管理	成本控制	
	内控指数	销售费用率	管理费用率
DI	0.741**	−0.479***	−0.655***
	(0.148)	(0.139)	(0.061)
控制变量	是	是	是
固定效应	是	是	是
地区—时间固定效应	是	是	是
第一阶段F统计量	4232 [16.37]	4654 [16.37]	4672 [16.37]
观测值数量	3651	3785	4321
R^2	0.165	0.072	0.445

Panel B：中介效应第二阶段检验结果

解释变量	被解释变量：制造业高质量发展（ln TFP）		
DI	0.396***	0.342***	0.121**
	(0.059)	(0.049)	(0.053)
迪博内控指数	0.045***		
	(0.009)		
销售费用率		−0.182***	
		(0.058)	
管理费用率			−0.454***
			(0.037)
控制变量	是	是	是
时间固定效应	是	是	是
地区—时间固定效应	是	是	是
Sobel检验Z值	3.674	2342	8.809
第一阶段F统计量	4342 [16.38]	4566 [16.38]	4431 [16.38]
观测值数量	3652	3783	4329
R^2	0.533	0.547	0.655

注：括号内为标准误，中括号内是Stock-Yoga检验的临界值，***、**分别表示在1%、5%水平上显著。

间内提出解决方案。另一方面，数字化转型和内控管理的优化可以全面提升全要素生产率。通过数字化转型和内控管理的共同作用，企业可以实现对生产过程的全局把控，能够确保公司战略方向的准确传达，提高产品质量和生产效率，降低成本并增强抗风险能力。有助于企业在激烈的市场竞争中保持优势，进而推动制造业实现高质量发展。

5.4.2　成本控制

借鉴刘乃全等（2021）的做法，本章采用销售费用率和管理费用率作为衡量企业交易成本的指标。在市场竞争中，保持成本优势是企业的重要策略之一，而有效的成本控制是实现这一目标的关键。数字化转型可能会对制造业的高质量发展产生积极影响，但它也可能受到企业成本控制的影响。因此，选择了销售费用率和管理费用率作为衡量企业交易成本的指标。

成本控制的估算结果见表 5-5 的销售费用率和管理费用率两列的检验结果。根据第一阶段的中介效应分析，数字化转型的系数在 1% 显著水平上为负，这表明企业的数字化转型对其交易成本产生了显著的降低效应。第二阶段的分析结果显示，数字化转型和中介变量的系数都通过了显著性检验，同时 Sobel 检验的结果也支持部分中介效应的存在。这或许可以解释为，一方面，数字化转型通过提高生产效率、优化供应链管理和改善信息不对称状况等途径降低了企业交易成本，通过降低企业内部不同部门之间的协调成本，有效减少了企业的内部管控成本。另一方面，数字化转型还可以减少企业在外部交易中所需承担的搜索成本、谈判成本和监督成本，有效减少了企业的外部交易成本。这些因素都有助于提高企业的生产率，推动制造业实现高质量发展。

鉴于此，上述传导机制检验结果表明，数字化转型通过内控管理和成本控制两个路径来提升制造业企业全要素生产率水平，进而验证了本书提出的理论假设 H3。

5.5　本章小结

综上所述，本章的研究结果包括以下三个方面：首先，数字化转型显著促进了中国工业企业全要素生产率的提高，进而推动了制造业的高质量发展。这一影响趋势正在逐渐增强，并且在考虑内生性问题并进行稳健性检验后，这一结论仍然成立。其次，不同企业和地区在数字化转型对制造业高质量发展的效应上存在差异。具体来说，国有企业、大型企业、市场化程度较高的企业以及沿海地区的企业在数字化转型方面受益更多。最后，对机制和路径的分析表明，数字化转型可以通过加强企业内控管理和成本控制等间接途径来促进企业的全要素生产率提高。

第6章 数字化转型促进制造业企业绿色技术创新的实证研究

为了验证第三章的理论假设，本章首先采用双向固定效应面板数据模型来实证考察数字化转型对制造业企业绿色技术创新的影响，并区分对不同专利的影响；其次，从克服内生性问题和反事实检验两个方面开展稳健性检验，以确保实证结果的可靠性；再次，从企业环保投资水平和环境规制强度两个方面进行相应的异质性分析，以获得丰富的实证结果；最后，采用中介效应模型，从信息共享和知识整合两个方面来实证检验数字化转型对制造业企业绿色技术创新的传导机制。

6.1 实证分析

6.1.1 基准回归

以2011~2022年中国上市公司中污染较重的公司为样本，构建更加准确的数字化转型水平指标，实证分析企业的数字化水平对绿色创新的影响及相关机制路径。

数据说明：本章使用的发明专利数量数据来自 Incopat 数据库，样本中上市公司财务数据来自 Wind 数据库，时间区间为 2011~2022 年。相关企业名单主要通过《上市公司环保核查行业分类管理名录》得到。在绿色发展、"双碳"目标的大背景下，作为上市公司，应当更加严格地执行环保和绿色化发展的标准，其相关投入与管理政策对绿色创新的结果也更加敏感，这是本章选取重污染行业的制造业企业进行研究的主要原因。

在数据处理时，对数据进行预处理，包括数据缺失较严重的公司数据、公司经营较差已经无法正常经营的公司数据等。

回归模型如下：

$$envpatr_{it} = \beta_0 + \beta_1 digit_{it} + \rho' X_{it} + \delta_t + \vartheta_i + \gamma_{jt} + \varepsilon_{it} \tag{6-1}$$

式中，i、j、t 分别为公司、行业、时间。被解释变量为 $envpatr_{it}$，即企业的绿色创新水平。解释变量为 $digit_{it}$，代表企业的数字化转型程度，具体由上文中数字化转型评价指标体系评估实现，系数 β_1 体现了企业数字化对绿色技术创新的影响。X 为控制变量，δ_t 为年份固定效应，ϑ_i 为企业固定效应。

结果表明，企业数字化在推动绿色技术创新方面扮演着关键的促进角色。首先，数字化技术使企业能够实时获取和分析全球各地的数据，以便更好地了解市场需求、行业趋势和竞争状况。其次，数字化技术为企业提供了更高效、更灵活的生产方式。通过实时监控生产线、优化生产流程和调整生产计划，减少能源消耗和环境污染。此外，数字化技术还促进了企业与供应商、客户和其他合作伙伴之间的紧密合作。通过数字化平台和协作工具，各方可以实时交流、分享知识和经验，共同开展绿色技术的研发和创新活动，加快绿色技术的应用和推广。最后，数字化技术还有助于企业建立可持续的商业模式。例如，通过数字化技术优化生产和销售流程，企业可以实现可持续发展目标，提高品牌形象和社会责任感。具体而言，本章采纳了固定效应面板模型作为基准模型，以数字化无形资产比例（$digit\_ratio$）作为主要解释变量，以企业绿色专利比例（$envpatr\_total$）作为被解释变量，同时在模型中考虑了不同的固定效应并采用了不同层级的标准误差聚类。基准回归结果如表 6-1 所示，无论在何种情况下，$digit\_ratio$ 的系数均呈现出显著的正相关关系，这意味着企业数字化显著促进了企业绿色技术创新水平的提升，进而验证了本书的第三个理论假设 H4。

表 6-1　数字化程度对企业绿色创新的影响——基准回归结果

变量	$envpatr\_total$			
	（1）	（2）	（3）	（4）
$digit\_ratio$	0.11185 *	0.1412 **	0.1267 *	0.1377 **
	（1.95）	（2.21）	（1.79）	（2.05）
控制变量	控制	控制	控制	控制
固定效应	是	是	是	是
行业—年份固定效应	否	是	否	是
聚类层级	行业	行业	企业	企业
观测值	4842	4842	4842	4842
R^2	0.4039	0.4122	0.4039	0.4141

注：括号内为 t 值，**、* 分别表示在 5%、10%水平上显著。

6.1.2　进一步分析

进一步构造数字化转型水平作为被解释变量。表 6-2 列（1）主要使用"业绩""业绩回顾"部分的相关的词汇分析作为解释变量，将相关词汇的频率占比作为其估计结果。$digit\_ratio\_text\_past$ 的系数呈现显著正向关系，这也进一步证实企业数字化对促进绿色创新提升的显著影响。表 6-2 列（2）主要使用"未来展望"部分的相关文本词汇分析作为解释变量，发现相关 $digit\_ratio\_text\_future$ 变量系数为正，结果却并不显著，可能表明企业在未来谋划数字化转型或相关工作措施，但无法反映实际转型情况。表 6-2 列（3）使用了企业上市公司年报第八节"管理层讨论与分析部分"的总数字化相关词汇占比作为解释变量，同样发现 $digit\_ratio\_text$ 的系数为正且不显著，从而进一步支持本章结论的稳健性。

表 6-2   数字化程度对企业绿色创新的影响的进一步分析结果

变量	envpatr_total		
	（1）	（2）	（3）
digit_ratio_text_past	22.0145* （2.02）		
digit_ratio_text_future		9.9146 （0.83）	
digit_ratio_text			13.8823 （1.69）
控制变量	控制	控制	控制
观测值	4842	4842	4842
R^2	0.4133	0.4138	0.4141

注：在行业层面对标准误进行聚类，并控制企业和行业—年份固定效应。

6.1.3 区分专利类型分析

为了研究数字化对不同类型专利的影响，主要区分绿色实用型专利和绿色发明专利。同时考虑到它们在机制上可能存在差异，进一步进行了区分专利类型的分析，具体的回归结果见表 6-3。结果表明，企业的数字化转型水平对绿色发明专利水平的提升有着显著的推动作用，但对企业绿色实用新型专利的申请却没有明显的影响。这可能是因为绿色实用新型专利创新程度较低，受数字化水平影响较小；而数字化技术更多地应用于产品和技术的全新发明和设计。因此，尽管数字化可以提高企业的研发效率，但对于绿色实用新型专利的申请可能不会有明显的影响。

表 6-3   数字化程度对企业绿色创新的影响

变量	envpatr_inv		envpatr_uti	
	（1）	（2）	（3）	（4）
digit_ratio	0.0876* （2.01）		0.0614 （1.27）	

变量	envpatr_inv		envpatr_uti	
	（1）	（2）	（3）	（4）
digit_ratio_text_past		37.3745*** （4.03）		20.98359 （1.58）
控制变量	控制	控制	控制	控制
观测值	4842	4842	4842	4842
R^2	0.4009	0.4023	0.3989	0.3994

注：在行业层面对标准误进行聚类，并控制企业和行业—年份固定效应；*** 、* 分别表示在1%、10%水平上显著。

6.2　稳健性检验

6.2.1　内生性问题

为了解决和排除可能存在的外部冲击，本节使用两种方法来降低内生性的影响：一是通过地区、行业结合年度作为固定效应的变量，排除地方政策差异的影响；二是引入省份结合年度的固定效应变量，来减少未观察到的变量的内生性问题。从结果上看，即使使用这两个方法排除了可能的因素后，系数仍然保持显著和正向，说明回归结果较为稳健。

本章参考 Lewbel（1997）的研究思路构建了企业数字化水平的工具变量，这种构建方法是一种不依赖于外部因素的内生工具变量构建方法，采用这种方法可以在一定程度上消除内生性偏差。具体来说，本章将企业数字化水平与统一二位数行业和省份的数字化水平均值之间的差额的三次方作为工具变量。需要计算统一二位数行业和省份的数字化水平均值。对于每个企业所在的二位数行业和所在省份，包括该行业和该省份内所有企业的数字化水平得分，并计算出均值。计算出每个企业所在行业和省份的数字化水平均值后，将这些均值作为工具变量，探讨它们与企业数字化水平之间的相关性。计算出每个企业与统一二位数行业和省份的数字化水平均值之间的差额的三次方，从而得到工具变量（Lewbel_IV）。表6-4列（2）展示了工具变量估计的回归结果。统计量在5%显著性水平上是显著的，这意味着工具变量的识别有效；F统计量超过了S-Y阈值，而且弱工具变量的F检验拒绝了弱工具变量假设。在工具变量估计结果中，$digit\_ratio$ 的估计系数仍然显著为正，这进一步验证了本章的主要结论的稳健性。

表 6-4　稳健性检验

变量	envpatr_total					
	（1）	（2）	（3）	（4）	（5）	（6）
$digit\_ratio$	0.1266* (2.05)	0.1233*** (3.16)		0.1641* (2.07)	0.3115** (2.08)	0.1411** (2.39)
$digit\_rev\_fake$			0.0059 (0.51)			
$LM\_statistic$		4.048**				
$Wald\ F\ statistic$		5582.57 [16.38]			—	
控制变量	控制	控制	控制	控制	控制	控制
观测值	4842	4842	4842	4341	4842	4772
$Pseudo\ R^2$	0.4454	0.0134	0.4156	0.4073	0.2511	0.4160

注：在行业层面对标准误进行聚类，并控制企业和行业一年份固定效应；***、**和*分别表示在1%、5%和10%水平上显著。

6.2.2　反事实检验

为了验证企业绿色创新受到数字化转型而非其他潜在因素的激励，构建一个新的变量来与绿色创新水平进行回归分析，这个变量是经过特殊设计。具体方法如下，先设置虚拟变量（$digit\_rev$）。如果通过指标测算企业的数字化转型水平变高了，则将 $digit\_rev$ 取值为1，否则取值为0。进一步将企业进行数字化转型的年份，人为地向前挪两年，如果位于虚假的数字化转型年份之后，那么将 *digit_rev_fake* 取值为 1，否则为 0。这样构造的含义是指构造一个不受数字化转型影响的变量。系数不显著，说明企业绿色创新水平的提高主要是受数字化转型水平的影响。

另外，为了排除一些异常企业的影响，比如从未申请过绿色专利的企业，需要把这些样本进行剔除。表6-4列（4）展示了回归结果，在排除了这些异常的样本和企业之后，结论与之前的结果仍然一致。

为了进一步验证结果的稳健性，采用了 Tobit 回归来处理 *envpatr_total* 存在的左截断特征。回归结果见表6-4列（5）。在这个方法下，*digit_ratio* 的系数仍然显著为正，这进一步验证了本章的结论的稳健性。

此外，我们还通过改变环境规制度量的方法来进行稳健性检验。这里改变了环境规制变量，使用相对权重，即各省份环境规制水平比上全国环境规制水平。结果显示系数仍然为正。

6.3 异质性分析

6.3.1 基于绿色技术投资水平的异质性

基于之前的研究和分析，对于哪些数字化转型对企业的绿色创新水平会有效提高进行分析。在之前的研究中，有学者提出，对于企业而言，只有关注绿色环保以及对其进行有效投入，数字化水平才会对绿色创新水平产生显著影响，而如果没有关注且未进行有效投入，数字化转型无法对绿色创新水平产生影响。鉴于这一点，在异质性分析中，根据企业在环保投资方面的水平将其分为两组，并进行了分组回归分析。

实证结果如表 6-5 所示。其中，环保投资水平高的企业，系数为 0.2207，通过显著性水平为 10% 的检验，说明环保投资水平高的企业，通过提升其数字化水平对其绿色技术创新是有促进作用的。然而，在环保投资水平低的企业样本中，系数 0.0923 并不显著，可以认为，提升企业的数字化水平对绿色技术创新水平没有显著影响。这些结果表明，随着企业越来越注重绿色发展，数字化水平的提高更有可能优化企业的创新技术资源配置，进而促进绿色技术创新水平的提升。

表 6-5   异质性分析

变量	（1）环保投资水平高	（2）环保投资水平低	（3）环境规制强	（4）环境规制弱
$digit\_ratio$	0.2207 * (1.66)	0.0923 (0.85)	0.2186 * (1.84)	0.0733 (0.77)
控制变量	控制	控制	控制	控制
观测值	1833	3101	2115	2239
R^2	0.4343	0.4244	0.5106	0.5027

注：＊表示在 10% 水平上显著。

6.3.2   基于环境规制强度的异质性

对于那些不同的地区来说，因为环境法规的影响，数字化可能对它们在绿色技术创新方面的激励效应产生差异。为了探究这一问题，将上市公司分成两组，根据其所在地区环境法规的严格程度，采用分组回归的方法来研究数字化对这两组企业在绿色技术创新方面的影响。

分组回归的结果如下所示。在环境法律更加严格的地区，数字化对其绿色技术创新的影响更加显著。然而，在环保法规要求较为宽松的企业中，数字化对其绿色技术创新的影响相对较小。这些实证结果与前文的理论分析基本相符，表明如果企业在环保方面承受的法规压力更大，这会促使它们更积极地寻求绿色技术创新，政府通过立法和执法手段对企业施加环保压力，社会公众对环保问题的关

注度也在不断提高，而环保法规的严格实施则给企业带来了更大的市场压力。面
对环保法规压力，企业不但要建立完善的环境管理体系来提高环保投入和治理水
平，还需要引进先进的生产技术和设备，优化生产工艺，减少污染排放。还可能
通过绿色技术创新，通过数字化转型提高资源利用效率，降低生产成本，减少环
境污染，为自身带来更多的商业价值，数字化在这种情况下对企业产生的绿色技
术创新激励效应也更加显著。

基于此，由于企业环保投资水平和环境规制强度的差异性，数字化转型对制造
业企业绿色技术创新也会产生典型的异质性影响，进而验证了本书的理论假设 H5。

6.4　传导机制检验

本节主要验证信息共享效应和知识整合效应。

6.4.1　信息共享

回归模型（6-1）在用于上市公司微观数据的研究时，难以直接度量信息共
享水平，以前的研究通常采用问卷调查来获取有关企业信息共享水平的数据（彭
正银等，2019）。然而，由于数据可用性的限制，本节采用了一种不同的方法，
即对上市公司年度报告进行文本分析，上市公司的年度报告是投资者和公众了解
公司运营情况的重要渠道，因此公司通常会在年报中详细披露各种运营信息，包
括财务状况、战略方向、领导团队、市场竞争态势等。通过分析这些报告，可以
了解公司在特定时间段内的表现和决策。通过对上市公司年度报告进行文本分析
时，利用自然语言处理（NLP）和文本挖掘技术来提取报告中的关键信息，提取企
业主动披露的信息共享水平。因此，通过本书分析构建涉及信息共享的 0~1 哑变
量。具体而言，如果上市公司在年度报告中披露了与信息共享相关的内容，且这些

内容表明信息共享水平有所提高，那么将变量 *inform* 的值设为 1，否则设为 0。

为了验证中介机制，采用下列步骤进行证实：首先引入中介变量。其次使用数字化转型水平与中介变量以及绿色技术创新水平进行回归，如果他们的结果都显著为正，则表明有显著影响。最后再进行联合回归，如果数字化转型水平不再有显著的相关性，而构建的中介变量有显著的相关性，则说明对绿色技术创新水平的影响主要通过中介变量来实现，而不是通过数字化转型来实现。按照上述检验步骤，中介机制的验证模型设定如下：

验证数字化转型对中介变量的影响：

$$mechanism_{it} = \alpha_0 + \alpha_1 digit_{it} + \rho' X_{it} + \delta_t + \vartheta_i + \gamma_{jt} + \varepsilon_{it} \tag{6-2}$$

验证数字化转型对企业绿色技术创新的影响：

$$envpatr\_total_{it} = \beta_0 + \beta_1 digit_{it} + \rho' X_{it} + \delta_t + \vartheta_i + \gamma_{jt} + \varepsilon_{it} \tag{6-3}$$

将数字化转型、中介变量同时放入方程：

$$envpatr\_total_{it} = \sigma_0 + \sigma_1 digit_{it} + \sigma_2 mechanism_{it} + \rho' X_{it} + \delta_t + \vartheta_i + \gamma_{jt} + \varepsilon_{it} \tag{6-4}$$

在模型（6-1）中，引入了机制变量 *mechanism*，并且这个机制变量包含考察信息共享效应和验证知识整合效应的两个机制变量。

先使用通过构建的信息共享变量（*inform*）进行检验。在第一步实证中，结果如表 6-6 的列（1）所示，表明数字化转型显著提高了企业的信息共享水平。通过进行第二步回归，得到了表 6-6 列（2）中的结果，表明数字化转型显著促进了企业绿色技术创新水平的提高。在第三步估计中，可以看到表 6-6 列（3）中的结果，表明 *inform* 变量的系数显著为正，而系数的值较小，说明信息共享是提高企业的绿色技术创新水平的传导机制之一。

表 6-6　机制检验

变量	Inform (1)	envpatr_total (2)	envpatr_total (3)	ipe_new_sta (4)	envpatr_total (5)
digit_ratio	5.9321 *** (3.55)	0.1379 ** (2.36)	0.1337 ** (2.41)	0.4933 * (1.79)	0.1289 ** (2.23)

变量	Inform (1)	envpatr_total (2)	envpatr_total (3)	ipe_new_sta (4)	envpatr_total (5)
inform			0.0336* (1.82)		
ipe_new_sta					0.0179*** (5.17)
控制变量	控制	控制	控制	控制	控制
年份固定效应	是	是	是	是	是
固定效应	是	否	否	否	否

注：在行业层面对标准误进行聚类。***、**和*分别表示在1%、5%和10%水平上显著。

6.4.2 知识整合

基于之前的分析，已经了解到企业数字化对绿色创新有着积极的影响，尤其是通过知识整合效应的途径。为了验证这一机制，利用了企业专利申请的详细信息数据，使用专利的 IPC 分类代码来衡量企业的知识整合水平。统计了每家企业每年涉及的新技术领域数量（*ipc_new*），并采用了以下方法：使用 IPC 代码的前四位来识别不同的知识领域，前四位相同的 IPC 代码表示相同的知识领域。

将涉及的新知识领域数量作为企业知识整合水平的度量。具体而言，参考 liu 等（2021）的研究方法，根据企业每年专利申请的知识领域信息，计算了涉及的新技术领域数量，即企业过去专利中未涉及的领域数量。然后，将其标准化为每年专利申请数量的比例，得到了 *ipc_new_sta* 这一代理变量。

通过机制检验模型，对知识整合效应进行了实证检验。首先，在第一步实证中，可以从表6-6的列（4）中看到，数字化显著提高了企业的知识整合能力。传统的企业知识整合方法往往烦琐低效，而数字化技术则为其提供了一个全新的解决方案。通过建立数字化知识管理系统，企业可以更有效地收集、整理、分类和应用各种知识资源，包括内部研究、外部市场信息和客户反馈等。这不仅可以帮助企业更好地理解和解决问题，还可以提高企业的决策效率和创新能力。其次，在第二步回归中，表6-6列（2）的结果表明，数字化显著提升了企业绿色专利占比，从而促进了绿色技术创新水平的提高。这可能是因为数字化技术可以帮助企业更有效地研发绿色技术，并申请相应的专利。同时，数字化技术还可以帮助企业更高效地管理和维护这些专利，从而降低绿色技术的研发和应用成本。最后，在第三步估计中，表6-6的列（5）显示，ipc_new_sta 的系数显著为正，同时 $digit\_ratio$ 的系数绝对值降低。这表明，数字化通过增强企业的知识整合程度，显著提高了企业的绿色技术创新能力。由此可知，知识整合是数字化转型促进企业的绿色技术创新的另一个传导机制。

综上所述，传导机制检验结果表明，数字化转型通过信息共享和知识整合两个渠道来推动制造业企业的绿色技术创新，进而验证了本书提出的理论假设 H6。

6.5 本章小结

在中国，随着数字化转型的快速推进，绿色技术创新变得至关重要，因为它是实现经济升级和高质量发展的主要动力之一。研究的主要结果显示：

首先，在重度污染行业中，企业的数字化水平对其绿色技术创新能力的提升具有显著促进作用。并且，相较于门槛程度较低的绿色创新，数字化转型在推动门槛程度更高的绿色发明专利创新方面展现出更为显著的效果。这一结论在多重稳健性检验中得到了验证，包括工具变量估计、反事实分析以及不同估计方法的验证。

其次，在机制分析中，发现并证明了企业数字化转型是通过信息共享和知识整合来促进企业的绿色技术创新的。

最后，通过异质性分析，在区分不同地区的环境规制力度的前提下，发现在环境规制更强的地区，数字化转型水平对绿色技术创新水平的影响更为显著。

这些发现说明了企业数字化转型在推动绿色技术创新方面的积极作用，并提供了有关机制和影响因素的深入理解。这对于指导中国高污染制造业企业的绿色转型和高质量发展具有重要意义。

第7章 数字化转型促进制造业和服务业融合的实证研究

为了验证第三章的理论假设，本章首先在耦合协调度模型的支持下，计算得到各省份制造业与服务业的融合水平；其次，基于双向固定效应的实证视角，通过面板数据模型实证估计数字化转型对制造业与服务业融合的影响，并进行相应的稳健性检验，以确保实证结果的可靠性；再次，在极大似然估计方法的支持下，借助空间面板杜宾模型实证考察数字化转型对产业融合的空间影响效应，并进一步考察其潜在的空间异质性影响；最后，采用中介效应模型，从制造业服务化和服务业制造化两方面实证检验数字化转型对产业融合的传导机制。

7.1 实证设计

7.1.1 基准估计模型

为验证数字化转型对制造业与服务业融合的影响（假设 H7），本章构建如下面板数据模型：

$$ic_{it} = \alpha_0 + \alpha_1 dig_{it} + \theta X_{it} + \mu_i + \varphi_t + \varepsilon_{it} \tag{7-1}$$

其中，α_0 为常数项，ic_{it} 表示 t 年 i 省份制造业与服务业的融合水平，dig_{it} 表示 t 年 i 省份的数字化转型水平；α_1 表示数字化转型对制造业与服务业融合的影响大小，预期显著为正；X 代表一系列相关的控制变量；θ 为对应的待估参数；μ_i 为表示省份个体固定效应；φ_t 为时间固定效应；ε_{it} 为随机扰动项。

7.1.2　中介效应模型

为验证数字化转型对制造业与服务业融合的影响机制，本章在基准模型（7-1）的基础上，构建了如下中介效应模型：

$$M_{it} = \beta_0 + \beta_1 dig_{it} + \theta_1 X_{it} + \mu_i + \varphi_t + \varepsilon_{it} \tag{7-2}$$

$$ic_{it} = \gamma_0 + \gamma_1 dig_{it} + \gamma_2 M_{it} + \theta_2 X_{it} + \mu_i + \varphi_t + \varepsilon_{it} \tag{7-3}$$

式（7-2）、式（7-3）中，β_0 和 γ_0 为常数项，M_{it} 表示机制变量，β_1、γ_1 和 γ_2 分别表示待估参数。从估计过程及其结果来看，首先，实证估计模型（7-1），当系数 α_1 显著为正，说明数字化转型显著促进了制造业与服务业融合；其次，实证估计模型（7-2），当系数 β_1 通过显著性检验时，表明数字化转型能够显著作用于中介变量；最后，实证估计模型（7-3），当系数 γ_2 显著，但系数 γ_1 未通过显著性检验，说明中介变量发挥着完全中介的作用；当系数 γ_1 和 γ_2 均通过显著性检验，同时参数估计值 α_1 大于 γ_1，则说明中介变量发挥着部分中介传导作用。值得注意的是，如果系数 β_1 和 γ_2 至少有一个未能通过显著性检验，那么就需要借助 Sobel 检验方法对中介效应的存在性进行评估。

7.1.3　空间面板杜宾模型

需要说明的是，空间自相关性是空间计量模型分析的一个重要前提条件。与大多研究的做法类似，本章采用全局 Moran's I 和局部 Moran's I 两个指标，对样本期内各省份制造业与服务业融合水平进行空间自相关检验。具体而言，全局

Moran's I 指标的计算公式为：

$$I = \frac{\sum_{i=1}^{n} \sum_{j=1}^{n} W_{ij}(Y_i - \overline{Y})(Y_j - \overline{Y})}{S^2 \sum_{i=1}^{n} \sum_{j=1}^{n} W_{ij}} \tag{7-4}$$

其中，$S^2 = \frac{1}{n} \sum_{i=1}^{n} (Y_i - \overline{Y})$，$\overline{Y} = \frac{1}{n} \sum_{i=1}^{n} Y_i$，$Y_i$ 为 i 省份制造业与服务业融合水平，n 为本章的 30 个样本省份；W_{ij} 表示基于地理临近关系的空间权重矩阵，即当 i 省份与 j 省份地理接壤时取值为 1，反之则为 0，其中对角线数值也为 0。Moran's I 结果的取值范围是 [-1, 1]，若结果显著为正，表明产业融合存在空间正相关性；若结果显著为负，表明产业融合存在空间负相关性；若结果为 0，则不存在空间相关性。

在全局空间自相关检验的支持下，本章还将采用局部空间自相关检验进行分析。局部 Moran's I 指标的计算公式为：

$$I_i = \frac{(Y_i - \overline{Y}) \sum_{j \neq i}^{n} W_{ij}(Y_j - \overline{Y})}{S^2} \tag{7-5}$$

其中，Y、W、S^2 与式(7-4)的含义相同。I_i 的结果反映了制造业与服务业融合的局部空间自相关性特征，当 I_i 结果值显著为正时，说明制造业与服务业融合水平较高(低)的省份周边被其他一些产业融合水平较高(低)的省份所围绕；当 I_i 结果值显著为负时，说明制造业与服务业融合水平较高（低）的省份周边被其他一些产业融合水平较低（高）的省份所围绕。

在估计模型的选择中，空间计量模型主要包括空间滞后模型、空间误差模型和空间杜宾模型等形式。值得说明的是，作为空间计量模型的通用形式，空间面板杜宾模型兼具空间滞后和空间误差两类模型的特征，是典型而经典的空间计量分析框架。鉴于此，为了检验数字化转型对制造业与服务业融合的空间影响效应（假设 H8），本章构建如下空间面板杜宾模型：

$$ic_{it} = \beta_0 + \rho \sum_{j=1}^{N} W_{ij} ic_{jt} + \beta_1 dig_{it} + \theta_1 \sum_{j=1}^{N} W_{ij} dig_{jt} + \beta_2 X_{it} + \theta_2 \sum_{j=1}^{N} W_{ij} X_{jt} + \mu_i + \varphi_t + \varepsilon_{it} \tag{7-6}$$

其中，β_0 为常数项；β_1 为 dig_{it} 的待估系数；β_2 为控制变量 X_{it} 的待估系数；ρ 为空间自回归系数；θ_1 和 θ_2 分别为滞后项的弹性系数；μ_i 为表示省份个体固定效应，φ_t 为时间固定效应，ε_{it} 为随机扰动项。与空间自相关检验类似，这里的空间权重矩阵 W_{ij} 是地理邻接矩阵。为确保估计结果的可靠性，本章后续稳健性检验还将采用式（7-7）的地理距离权重矩阵和式（7-8）的地理经济嵌套矩阵进行估计。具体表达形式如下：

$$W_{ij} = \begin{cases} \dfrac{1}{d_{ij}} & i = j \\ 0 & i \neq j \end{cases} \tag{7-7}$$

$$W_{ij} = \frac{1}{d_{ij}} \cdot \mathrm{diag}\left(\frac{\overline{X_1}}{\overline{X}}, \frac{\overline{X_2}}{\overline{X}}, \cdots, \frac{\overline{X_n}}{\overline{X}}\right) \tag{7-8}$$

其中，d_{ij} 为两省份之间的地理距离，通过省会城市之间的经度和纬度计算得到；$\mathrm{diag}(\cdots)$ 为对角矩阵；X_i 表示样本期内 i 省份的 GDP 均值；$\overline{X}$ 为样本期内 30 个省份的 GDP 均值。

7.2　变量与数据说明

7.2.1　变量选取

（1）被解释变量。制造业与服务业的融合，以下简称制造服务融合（IC），指的是制造业和服务业之间相互交织、协同发展的现象。这两个领域各自具备不同的优势，通过彼此合作实现综合发展，从而产生更为协调的整体效果，进一步推动产业的混合。为了实现产业协调融合的目标，应当优先提升经济效率，适当充实产业发展规模，全面深入挖掘产业发展潜能，以更好更快地达到全面高质量发展的状态。

通常而言，产业规模、经济效益、产业潜力等因素是评价产业综合发展的重要组成部分。结合已有大多研究的做法，本书将上述三类因素视为产业综合发展的一级指标，构建制造业发展水平（Um）和服务业发展水平（Us）的评价系统（见表7-1）。为了计算制造业发展水平和服务业发展水平，本章采用熵值法进行赋权和测算方法。

表7-1　制造业与服务业综合发展评价指标体系

行业	一级指标	二级指标	单位	指标属性
制造业	产业规模	制造业从业人数占工业从业人数的比重	%	+
		制造业销售产值占工业销售产值的比重	%	+
		制造业从业人数与服务业从业人数的比值	%	+
	经济效益	单位制造业就业人数的制造业工资总额	万元/人	+
		制造业负债总额与制造业资产总额的比值	%	−
	发展潜力	工业产值的增长率	%	+
		制造业从业人数的增长率	%	+
服务业	产业规模	服务业从业人数占地区总就业人数的比重	%	+
		服务业产值占地区总生产总值的比重	%	+
		服务业从业人数与制造业从业人数的比值	%	+
	经济效益	单位服务业从业人数的服务业工资总额	万元/人	+
		服务业产值与服务业从业人数的比值	万元/人	+
	发展潜力	服务业产值的增长率	%	+
		服务业从业人数的增长率	%	+

借鉴唐晓华等（2018）的做法，本章利用耦合协调度模型来测算制造业与服务业之间的融合水平。值得注意的是，耦合度 C 的计算方式表明，当制造业发展水平（Um）和服务业发展水平（Us）总体接近或者均偏低时，产业间耦合度往往偏高，导致未能有效反映产业间融合的真实水平。鉴于此，本章引入了如式（7-10）所示的耦合协调度 D 测算方式，其中协调度 $T_{it} = a \cdot Um_{it} + b \cdot Us_{it}$，$a$ 和 b 分别表示制造业和服务业在产业融合过程中的贡献程度，并通过熵值法来确定权重值。

$$C=2\sqrt{U_m \cdot U_s}/(U_m+U_s) \tag{7-9}$$

$$D=\sqrt{C \cdot T} \tag{7-10}$$

（2）核心解释变量。数字化转型水平（dig）是一个关键的衡量标准，在评估数字化转型水平时，一些学者选择采用单一指标（柳卸林等，2021），如人均互联网宽带接入用户数、互联网普及率等。另一些学者则更倾向于从多个方面构建指标体系，以全面评估数字化转型水平。数字化转型是一个动态的过程，旨在不断优化经济和产业结构（殷群和田玉秀，2021）。首先，数字化转型的重要基础是互联网、信息技术的普及和广泛应用、扩张到各个产业领域，制造业和服务业的相互融合催生了"互联网+"下的新业态、新商业模式、新产业发展模式，在推动产业结构升级方面发挥重要的驱动作用。其次，数字化转型下对创新人才、复合型人才产生了更多的需求，促使社会加大对劳动力、知识和创新平台的投入。这个投入过程容易形成典型的技术溢出效应和知识溢出效应，加快推动产业结构转型升级，并由此驱动产业之间的融合发展（赵玉林和裴承晨，2019）。最后，在数字技术的支持下，传统产业正快速突破技术边界和向智能化信息化方向转型发展，加快推动数据及信息等要素的跨产业流动，最终推动不同产业之间的协调融合发展（周青等，2020）。

需要说明的是，考虑到单一指标难以准确反映数字化转型水平。因此，借鉴已有研究的做法，本章从数字化的角度和特点出发，采用综合评价指标体系衡量数字化转型水平，并借助熵值法赋权和测算数字化转型指数（dig）。该指标体系重点选择数字化的基础设施、人才投入、平台建设和数字融合四个一级指标及其所属的七个二级指标。具体说明如下：

1）数字化基础设施：主要评估数字化转型所依赖的信息与通信基础设施状况，通常采用人均移动电话用户数和互联网宽带普及率两个指标来衡量。

2）数字人才投入：主要衡量数字化转型所依赖的信息化劳动力要素投入，通常采用信息传输、软件和信息技术服务业从业人数占总从业人数的比重来表示。

3）创新平台建设：主要刻画与数字化转型过程中密切相关且相互依托的科创平台，采用工业企业的研发机构数占全部企业研发机构数比重和高技术产业企业数占全部企业数的比重两个指标来反映。

4）数字融合水平：主要揭示数字化转型与实体商贸活动及信息服务的高质量融合发展程度，采用电子商务销售额占 GDP 比重和软件业务收入占 GDP 比重两个指标进行衡量。

综上所述，数字化转型水平（dig）作为一个综合指标，能够更准确地反映制造业和服务业的数字化转型程度。通过多个方面的指标综合考量，有助于更全面地评估地区的数字化转型水平。

（3）中介变量。制造业服务化和服务业制造化水平是本章所关注的核心概念。通常，很多学者会利用投入产出表数据来衡量这两个水平，但这些数据存在断断续续的问题。为了解决这一问题，参考罗良文和孙小宁（2021）的研究方法，采用非参数回归模型和局部线性方法，分别估计得到制造业服务化水平和服务业制造化水平。具体来看，在制造业服务化方面，该指标揭示了服务业部门在制造业生产活动中重要程度和比例，通常选取服务企业营业收入 ser_{it} 为投入要素，选取工业企业销售收入 man_{it} 为产出要素，建立非参数回归模型(7-11)，进而估计得到 i 省份 t 时期制造业服务化程度 $f_m(ser_{it})$。在服务业制造化方面，该指标体现了服务业对制造业发展的促进作用，一定程度上也反映了服务业部门可能衍生的制造业业务及活动。考虑到产业结构高级化的发展趋势，虽然有学者认为服务相对于制造更为先进，而服务业制造化的趋势可能并不明显，因此，这里暂且假定存在服务业制造化的趋势，设定相关的服务业制造业融合模型（7-12），估算出服务业制造化程度 $f_s(man_{it})$。制造业服务化和服务业制造化分别用 man_{it} 和 ser_{it} 表示：

$$man_{it} = f_m(ser_{it}) + \varepsilon_{it} \tag{7-11}$$

$$ser_{it} = f_s(man_{it}) + \varepsilon_{it} \tag{7-12}$$

（4）控制变量。产业融合是一个受多方面因素影响的复杂过程，其中包括经济状况、政府政策、人力资源等多个方面的支持。为了准确评估制造业与服务业融合发展的影响，考虑了一系列可能对此产生影响的控制变量，以排除潜在的遗漏因素。这些控制变量包括各省份的经济发展水平、城镇化水平、政府干预状况、人才资源、市场化程度等。通过引入这些控制变量，可以更全面地考察制造业与服务业融合发展的动态过程，能够更准确地捕捉影响产业融合的多重因素，使得研究结论更有说服力。

7.2.2　数据说明

本章的数据涵盖了我国 30 个省份 2013～2022 年的面板数据，数据的来源包括《中国统计年鉴》、国家统计局官方网站以及 Wind 数据库。在数据收集过程中，针对部分缺失数据，采用了插值法进行填充，以确保数据的完整性。依据表 7-2 可知，数字化转型均值为 0.192，标准差为 0.128，同时产业融合的均值为 0.545，标准差为 0.096。可见，数字化转型水平和制造业与服务业融合水平均存在一定的空间差异。此外，控制变量的数据统计特征也同样表现出一定的空间差异，这为后续的实证研究分析提供了基础数据。

表 7-2　变量的描述性统计

变量类型	变量	样本量	均值	标准差	最小值	最大值
被解释变量	ic	258	0.545	0.096	0.258	0.839
核心解释变量	dig	258	0.192	0.128	0.055	0.894
控制变量	$pgdp$	258	5.661	2.76	2.209	16.420
	urb	258	0.599	0.128	0.378	0.887
	gov	258	0.267	0.123	0.130	0.753
	tel	258	0.260	0.087	0.117	0.546
	mar	258	6.651	1.875	2.541	10.121

7.3 实证分析

7.3.1 基准回归分析

为了确保回归模型结果可靠，在方差膨胀因子（VIF）检验的支持下，结果表明各变量的 VIF 值均小于 10，说明模型估计结果不会受到严重多重共线性问题的负面影响。

在表 7-3 中显示了基准模型的估计结果，其中列（1）未控制固定效应，列（2）进一步考虑了控制变量的影响，列（3）进一步控制了双向固定效应。此时，随着双向固定效应和控制变量的逐步控制，模型的拟合优度明显提高（由 0.684 提升至 0.941），表明基准模型的估计结果明显具有较强的解释力。进一步比较前三个模型的估计结果，发现数字化转型的估计系数始终显著为正，并通过 1% 显著水平的统计检验，这说明数字化转型能够显著促进制造业与服务业的融合发展。依据列（3）的估计结果来看，平均而言，数字化转型水平每增长 1%，将显著促进制造业与服务业的融合水平提高 0.373%，进而从根本上支持了理论假设 H7 的成立。

表 7-3 基准回归结果

变量	（1）	（2）	（3）	东部 （4）	中部 （5）	西部 （6）	东北 （7）
dig	0.768*** (0.038)	0.152** (0.070)	0.373*** (0.046)	0.291*** (0.057)	0.174 (0.182)	0.152 (0.174)	1.428*** (0.456)
$pgdp$		0.016*** (0.002)	0.012*** (0.003)	0.016*** (0.002)	0.053*** (0.016)	0.042*** (0.010)	0.073*** (0.022)

续表

变量	(1)	(2)	(3)	东部 (4)	中部 (5)	西部 (6)	东北 (7)
urb		0.763 *** (0.085)	-0.244 *** (0.065)	0.395 *** (0.092)	-0.662 * (0.370)	0.072 (0.207)	-1.173 *** (0.235)
gov		0.227 *** (0.060)	0.314 *** (0.033)	0.516 *** (0.083)	0.483 (0.306)	0.297 ** (0.092)	0.594 *** (0.121)
tel		-0.205 ** (0.096)	0.121 * (0.068)	-0.393 *** (0.094)	-0.064 (0.209)	0.332 * (0.172)	-0.021 (0.225)
mar		-0.009 * (0.004)	0.021 *** (0.002)	-0.006 (0.006)	0.062 *** (0.012)	0.006 (0.008)	-0.062 * (0.035)
C	0.411 *** (0.023)	0.021 (0.033)	0.287 *** (0.029)	0.242 *** (0.043)	0.071 (0.159)	0.074 (0.090)	0.925 *** (0.300)
N	258	258	258	90	58	97	28
R^2	0.684	0.873	0.941	0.904	0.813	0.873	0.884

注：括号内为标准误，***、**和*分别表示在1%、5%和10%水平上显著。

此外，控制变量的估计结果表明，经济发展、政府干预、人才资源和市场化程度均显著促进了制造业与服务业的融合发展，而城镇化则显著抑制了产业融合发展。可见，地区制造业与服务业的融合发展离不开当地经济发展基础、适度可行的政府干预、高质量的人才支持和可靠的市场环境。同时，城市化进程未能正向推动地区产业融合，这可能的解释有：一方面城市规模的迅速扩张导致了人口过度向城市中心去集中，与产业融合过程不相匹配；另一方面城市管理和规划建设未能及时跟上城市化步伐，与产业融合发展的诉求不适应。因此，需要合理规划城市治理体系，特别是着重提高城市化质量。

此外，表7-3的列（4）至列（7）的结果显示，东部和东北地区下的数字化转型系数均在1%水平上显著为正，而中部和西部地区数字化转型的估计系数未能通过显著性检验。这说明东部和东北地区数字化转型显著促进了制造业与服务业融合发展，而中部和西部地区数字化转型的产业融合效应不明显。相比东部和东北部地区，中部和西部地区在数字基建、平台建设、数字人才投入和数字经济发展方面表现更为一般，与当前产业融合发展阶段未能有效匹配，因此对地区内制造业与服务业融合发展的促进作用相对有限。进一步从影响作用来看，东部地区数字化转型水平平均每提高 1%，将为制造业与服务业融合发展提高 0.291%；东北地区数字化转型水平平均每提高 1%，将为制造业与服务业融合发展提高 1.428%。相比东部地区，东北地区的区位优势和数字基础不够突出，但资源优势突出和产业基础较好，数字化转型与产业融合及其发展动能方面的匹配程度较高，进而能够产生较大的边际促进作用。

为了深入研究不同地区的数字化转型水平对制造业与服务业融合的影响是否存在差异，进行了数字化转型水平在不同地区之间的差异检验，将中国划分为东部、中部、西部和东北四个地区，具体估计结果报告于表 7-3 的列（4）至列（7）中。鉴于此，进一步统计分析发现，样本期内我国东部的数字化转型水平的均值达到了 0.31，明显高于中部、西部和东北三个板块的数字化转型水平（均小于 0.15）。可见，相比其他三个板块，东部地区数字化转型方面具有一定的发展优势。当然，这结果并不一定代表东部地区普通的情况，由于广东、上海、江苏等持续稳居数字化转型的省份前列，这里仍然可能存在东部个别省份的数字化转型不如西部某省份的情形。

7.3.2 稳健性检验

为确保上述基准估计结果的可靠性，接下来本章采用变量替换、时间子样本估计和克服内生性问题三个方面进行全面的稳健性检验。具体说明如下：

第一，变量替换。结合前文的阐述，本节选择单一度量指标替换综合评价指标体系的方式来重新测算数字化转型，即采用互联网宽带接入用户数占总人数的比重。此时，表 7-4 列（1）的结果显示，单一指标测度的数字化转型的估计系数仍在 1%统计水平上显著为正，进而验证了前文基准结果。

第二，时间子样本估计。结合中国互联网发展阶段，本节将全样本时间分为两个时间段样本，即 2013～2016 年和 2017～2022 年两个子样本。此时，

表 7-4 中列（2）和列（3）的结果显示：两个时间段下数字化转型的估计系数均显著为正，进而支持基准估计结果。

表 7-4 稳健性检验

变量	稳健性检验				
	（1）	（2）	（3）	（4）	（5）
dig	0. 361 ***	0. 385 ***	0. 108 *		0. 384 ***
	（0. 037）	（0. 119）	（0. 070）		（0. 057）
dig_{t-1}				0. 392 ***	
				（0. 068）	
$pgdp$	0. 012 ***	0. 007	0. 021 ***	0. 017 ***	0. 019 ***
	（0. 001）	（0. 006）	（0. 005）	（0. 004）	（0. 004）
urb	0. 383 ***	0. 379 ***	−0. 034	−0. 276 ***	−0. 267 ***
	（0. 087）	（0. 127）	（0. 103）	（0. 072）	（0. 076）
gov	0. 189 ***	0. 254 ***	0. 252 ***	0. 326 ***	0. 328 ***
	（0. 049）	（0. 066）	（0. 079）	（0. 040）	（0. 045）
tel	−0. 166 **	−0. 198	0. 135	0. 105	0. 097 *
	（0. 082）	（0. 154）	（0. 090）	（0. 072）	（0. 052）
mar	0. 004	0. 008	0. 005	0. 012 ***	0. 019 ***
	（0. 004）	（0. 006）	（0. 004	（0. 002）	（0. 003）
C	0. 144 ***	0. 132 **	0. 331 ***	0. 327 ***	0. 327 ***
	（0. 044）	（0. 054）	（0. 052）	（0. 027）	（0. 022）
N	258	258	129	258	258
R^2	0. 895	0. 742	0. 679	0. 746	0. 752

注：括号内为标准误，*** 、** 和 * 分别表示在 1%、5% 和 10% 水平上显著。

第三，克服内生性问题。前述研究结论显示，数字化转型对制造业与服务业融合产生了显著影响，但产业融合发展状态也可能会影响数字化转型进程。鉴于此，为解决潜在的互为因果引致的内生性问题，同时确保估计结果的可靠性，参考郭家堂和骆品亮（2016）的研究做法，本节采用滞后一期的数字化转型变量作为工具变量，并进行两阶段最小二乘法（TSLS）估计。需要说明的是，该工具变量满足外生性和相关性的要求，即滞后一期的数字化转型与当前数字化转型存在明显的相关性关系，同时只能通过影响当期数字化转型来影响产业融合发展，其并不会直接影响产业融合发展。

表7-4中列（4）的结果显示，前一期数字化转型的估计系数显著为正，仍然能够对制造业与服务业融合具有显著的促进作用。在工具变量法和两阶段最小二乘估计方法的支持下，以滞后一期的数字化转型作为工具变量，表7-4中列（5）的结果显示：数字化转型的估计系数仍在1%统计水平上显著为正，表明考虑了内生性问题后基准结果仍然成立。

综上所述，通过进行上述三个方面的稳健性检验，不仅进一步支持了假设H7的成立，还验证了基准回归模型的稳健性和可靠性。

7.3.3 空间溢出效应分析

技术、信息、知识等因素的跨区域流动是促进经济活动跨区域发展的重要途径。不同区域之间的技术、信息、知识水平存在差异，这种技术差异导致了跨区域流动，从而推动了经济活动的跨区域发展。政府、企业及市场各相关方会通过加强合作，加强技术、信息、知识等方面的交流和合作，推动经济活动的跨区域发展。数字化转型能够促进技术、信息、知识等要素的跨区域流动，增强区域之间的经济联系和产业联系，进而对周边地区产业融合发展产生的空间溢出效应。鉴于此，为了准确评估这类空间溢出效应和空间影响，本节采用了空间面板杜宾模型进行实证检验。

（1）空间相关性检验。

在实证估计之前，在地理邻接权重矩阵的支持下，本节采用 Moran's I 指标对制造业与服务业融合发展进行了空间相关性检验，检验结果报告于表7-5中。据此可知，中国各省份制造业与服务业融合的 Moran's I 结果值均为正，呈现先增后降的整体增长趋势，且在1%的水平上显著。由此可见，我国制造业与服务业融合发展存在典型的正向的空间自相关性和依赖性特征，侧面反映出各省份之间产业融合发展的相互依赖、相互联系的非随机分布格局。

表 7-5　中国各省份制造业与服务业融合的全局 Moran's I

年份	Moran's I	Z 值	P 值
2013	0.269	2.528	0.003
2014	0.274	2.553	0.003
2015	0.306	3.062	0.002
2016	0.329	3.157	0.001
2017	0.354	3.239	0.002
2018	0.343	2.947	0.001
2019	0.293	2.735	0.004
2020	0.289	2.764	0.001
2021	0.294	2.727	0.002
2022	0.297	2.674	0.003

　　区别于全局空间自相关结果，局部自相关结果揭示了不同省份的空间相关性特征。经过检验后发现，我国制造业与服务业融合的区域性集聚特征比较明显，主要集中在一些经济发达、产业基础较好、创新能力较强的地区。这些地区在政策支持、资金投入、人才培养等方面具有优势，同时也拥有较为完善的市场体系和产业配套能力。东部沿海地区的长三角、珠江三角洲区域呈现出高值集聚，围绕几个中心城市，相对接近的经济较发达地区形成了良性联动，显示出明显的溢出效应，这将有利于这些地区围绕大都市圈形成区域经济发展的核心，对于推动周边地区的发展起着重要作用。中部地区的一些省份也形成了类似的高值集聚区域，但西部地区（内蒙古、云南和宁夏等地区）和东北地区（辽宁和黑龙江），却暂时没能形成明显的集聚，而是表现出低值集聚，从这个意义上可以认为，西部地区和东北地区的产业融合相对滞后，也意味着我国区域间产业发展不平衡问题仍然比较明显，未来如何加强不同地区之间、不同产业之间的关联度，推动各地区产业链协同发展，进一步推动全国范围内制造业与服务业融合水平的提升，仍然是重要的任务。

（2）模型选择与结果分析。

为进一步确定合适的空间计量模型，本节进行了 LM 检验、LR 检验和 Wald 检验等一系列的检验，相关检验结果报告于表 7-6 中。此时，LM、LR 和 Wald 等统计量均通过了至少 5% 显著性水平的检验，再次表明应选择和构建空间面板杜宾模型进行实证检验。此外，Hausman 检验结果强烈拒绝了随机效应模型的原假设（P 值为 0.000），因而应选择固定效应模型。值得注意的是，本章的数据采用了 10 年左右的时间跨度，对于区域经济发展的来说，这样的时间变化结果相对不会很明显，而我国的各区空间由于国土面积较大产生的区域差异相对更加明显。因此，本节选择时间固定效应下的空间面板杜宾模型进行实证检验，相关估计结果报告于表 7-7 中。

表 7-6　空间效应面板模型检验结果

检验	类别	统计量	P 值	类别	统计量	P 值
LM 检验	LM-lag	3.129	0.041	LM-error	58.322	0.000
	Robust LM-lag	19.903	0.001	Robust LM-error	73.284	0.000
LR 检验	LR spatial lag	37.415	0.000	LR spatial Error	58.131	0.000
Wald 检验	Wald spatial lag	25.663	0.000	Wald spatial Error	40.528	0.000

表 7-7　空间杜宾模型回归结果

变量	模型（1）邻接权重矩阵	模型（2）地理距离矩阵	模型（3）嵌套矩阵
dig	0.396 *** (0.053)	0.465 *** (0.066)	0.558 *** (0.064)
$W \times dig$	0.317 *** (0.104)	2.153 *** (0.467)	2.125 *** (0.383)
直接效应	0.414 *** (0.057)	0.440 *** (0.064)	0.552 *** (0.069)
间接效应	0.456 *** (0.128)	1.526 *** (0.475)	2.052 *** (0.736)
总效应	0.874 *** (0.167)	1.969 *** (0.515)	2.603 *** (0.777)

变量	模型（1） 邻接权重矩阵	模型（2） 地理距离矩阵	模型（3） 嵌套矩阵
ρ	0.178 ** （0.089）	−0.361 （0.265）	−0.075 （0.277）
控制变量	控制	控制	控制
个体效应	否	否	否
时间效应	是	是	是
Log−L	446.246	456.977	447.013
N	258	258	258
R^2	0.780	0.689	0.807

注：括号内为标准误，***、** 和 * 分别表示在 1%、5% 和 10% 水平上显著。

表 7-7 列（1）的结果显示，在地理邻接权重矩阵的支持下，数字化转型的估计系数在 1% 统计水平上显著为正，意味着数字化转型显著促进了本地制造业与服务业的融合发展，这与前面采用普通面板数据模型的基准估计结果相一致。可见，数字化转型能够提高制造业和服务业的效率、灵活性和创新能力，还可以通过提供新的商业模式、服务和产品来推动制造业和服务业的融合。此外，空间项 ρ 的估计系数在 5% 统计水平上显著为正，地理邻接权重矩阵与数字化转型的空间交互项的估计系数也在 1% 统计水平上显著为正。可见，有必要进一步考察数字化转型对制造业与服务业融合发展的空间影响效应。

为了更准确地反映上述空间溢出效应，本节将空间影响效应分解为直接效应、间接效应和总效应三个方面。表 7-7 显示，在地理邻接权重矩阵的支持下，无论是直接效应还是间接的空间溢出效应，数字化转型的估计系数均在 1% 统计水平上显著为正。这意味着本省份数字化转型不仅显著促进了本地制造业与服务业的融合发展，而且也会显著促进地理邻近省份的产业融合发展，进而产生了显著正向的空间外溢效应，进而验证了本书的理论假设 H8。

进一步来看，当本省份数字化转型水平每提高 1 个百分点时，不仅会促使本省份制造业与服务业融合发展水平平均提高 0.414 个百分点，也会推动与本省份相近的周边省份产业融合发展水平平均提高 0.456 个百分点。

（3）稳健性检验。

为确保空间面板杜宾模型估计结果的可靠性，本节主要采用替换权重矩阵的方式进行稳健性检验。与前述空间自相关检验类似，分别采用地理距离权重矩阵和地理经济嵌套权重矩阵进行再次估计，估计结果报告于表 7-7 的列（2）和列（3）中。据此可知，无论采用哪种权重矩阵，以及数字化转型的空间交互效应、直接效应、间接效应、空间项 ρ 的估计系数始终显著为正，再次表明本地数字化转型发展对临近地区制造业与服务业融合发展的正向空间溢出影响效应，再次支持了理论假设 H8。

7.3.4 异质性分析

考虑到数字化转型对制造业与服务业融合的空间影响效应可能存在一定的区域异质性，本节将研究样本分为四大板块，并进行同样的空间面板杜宾模型估计，相关结果报告于表 7-8 中。以下是各地区的影响分析：

表 7-8 分区域 SDM 模型估计结果

变量	东部地区	中部地区	西部地区	东北地区
dig	0.332 *** （0.061）	0.391 *** （0.072）	0.427 *** （0.144）	1.393 ** （0.632）
W×dig	−0.065 （0.083）	0.487 * （0.251）	0.362 （0.431）	0.141 （0.826）
直接效应	0.342 *** （0.047）	0.401 *** （0.076）	0.4187 *** （0.133）	1.417 ** （0.652）
间接效应	−0.119 * （0.079）	0.537 ** （0.254）	0.123 （0.332）	0.096 （0.880）
总效应	0.227 ** （0.102）	0.933 *** （0.299）	0.534 （0.371）	1.511 （1.440）
ρ	−0.188 （0.133）	0.066 （0.140）	−0.477 ** （0.191）	−0.065 （0.161）
控制变量	控制	控制	控制	控制

变量	东部地区	中部地区	西部地区	东北地区
个体效应	否	否	否	否
时间效应	是	是	是	是
Log−L	269.088	172.416	208.659	92.153
N	80	48	88	24
R^2	0.957	0.712	0.123	0.690

注：括号内为标准误，***、**和*分别表示在1%、5%和10%水平上显著。

从东部地区来看，数字化转型对制造业与服务业融合的影响呈现出较为复杂的情况。东部数字化转型的直接效应在1%的水平上显著为正，表明数字化转型显著地推动了东部地区本地制造业与服务业融合。同时，数字化转型在东部地区的溢出效应在10%的水平上显著为负，这意味着虽然数字化转型在东部地区本地产生积极效应，但对邻近地区产生了一定的负面影响，形成了"虹吸效应"。这可能是因为东部地区在经济发展、地理位置、公共服务、交通条件和信息化发展等方面具有突出的优势，对周边邻近地区的资源和人才产生了虹吸影响，优质人才和资源在更为发达经济地区的聚集促进了本地区产业融合水平的提升，但也抑制了邻近地区的产业融合发展。

从中部地区来看，该地区数字化转型总体上对本地区及周边省份制造业与服务业的融合产生了显著而正面的影响。直接效应和溢出效应分别在1%和5%的水平上显著为正，说明数字化转型不仅在中部地区本地推动产业融合，还能对邻近地区产生正向的溢出效应。

从西部和东北两个地区来看，这类地区的数字化转型对制造业与服务业融合同样产生了积极的影响。从模型估计结果看，两地区产业融合的直接效应十分突出，西部地区和东北地区的直接效应分别在1%和5%统计水平上显著为正，表明数字化转型能够显著促进本地产业融合发展。然而，由于这两个地区的数字化转型尚处较低水平，其溢出效应尚不明显。这可能是由于区域间数字化基础设施不完善、产业数字化转型滞后，导致数字鸿沟未能有效缩小，并可能伴随着人才流失等限制性因素所致。

综上所述，在四大板块的分类下，数字化转型对制造业与服务业融合发展的空间影响效应呈现典型的空间差异性特征。鉴于此，各地区应制定差异化的产业发展政策，将数字化转型与地区产业发展阶段相匹配。此外，还应加强不同地区之间的制造业与服务业的协调融合发展，充分利用本地及临近地区的优势，带动其他地区的发展，从而实现全面的产业融合发展。

7.4 传导机制检验

接下来，结合前文理论分析和基准估计结果，本节将进一步进行中介效应检验，以探讨和检验数字化转型是否通过制造业服务化和服务业制造化两个渠道来推动制造业与服务业融合发展。具体检验结果报告于表 7-9 中。

表 7-9 传导机制检验

变量	(1) man_s	(2) ic	(3) ser_m	(4) ic
dig	0.215 *** (0.043)	0.341 *** (0.048)	−0.407 (0.266)	0.375 *** (0.068)
man_s/ser_m		0.144 * (0.090)		0.008 (0.014)
pgdp	−0.007 ** (0.002)	0.012 *** (0.003)	0.133 *** (0.014)	0.011 *** (0.003)
urb	−0.044 (0.051)	−0.237 *** (0.064)	−0.621 * (0.320)	−0.241 *** (0.064)
gov	0.165 *** (0.029)	0.295 *** (0.038)	0.488 *** (0.181)	0.313 *** (0.037)
tel	0.301 *** (0.043)	0.080 (0.071)	0.772 ** (0.334)	0.118 * (0.067)

变量	(1) man_s	(2) ic	(3) ser_m	(4) ic
mar	0.012*** (0.002)	0.019*** (0.003)	0.020 (0.015)	0.021*** (0.003)
C	-0.061*** (0.012)	0.297*** (0.018)	-0.300** (0.128)	0.291*** (0.028)
N	258	258	258	258
R-squared	0.426	0.793	0.565	0.791

注：括号内为标准误，***、**和*分别表示在1%、5%和10%水平上显著。

7.4.1 制造业服务化

表7-9中，列（1）的结果显示，数字化转型的估计系数在1%的水平上显著为正，表明数字化转型显著促进了制造业服务化的进程。列（2）的结果显示，数字化转型的估计系数在1%的水平上显著为正，制造业服务化的估计系数在10%的水平上显著为正，进而显著促进产业融合发展。进一步比较估计系数大小，发现列（2）的数字化转型估计系数为0.341，明显小于表7-3基准回归估计系数（0.373），表明制造业服务化进程发挥重要的中介传导作用，即数字化转型能够通过推动制造业服务化进程来促进制造业与服务业的融合发展。根据结果计算，数字化转型对制造业与服务业融合影响的中介效应占比为7.94%。

7.4.2 服务业制造化

表7-9中，列（3）的结果显示，数字化转型的估计系数未通过显著性检验，表明数字化转型无法有效促进服务业制造化发展。列（4）的结果显示，尽管数字化转型的估计系数通过1%统计水平的检验，但服务业制造化的估计系数同样未通过显著性检验，进而无法有效促进产业融合发展。可见，尽管当前的估计结果未能满足第二步检验的标准，但进行Sobel检验仍然是必要的。经检验后发现，服务业制造化的中介效应也并未通过显著性检验，表明服务业制造化渠道

并不成立。

基于以上分析，得出以下结论：制造业服务化在数字化转型推动制造业与服务业融合中扮演着重要的中介角色，但是服务业制造化的中介传导作用并非有效，因此本书理论假设 H9 并不完全成立。这可能是因为我国在推进制造业与服务业融合发展时，更注重制造业结构的优化和升级，以强化制造业的核心竞争力，进而推动制造业服务化转型，数字技术的应用对制造业的发展影响更为显著，数字化转型对服务业制造化转型的推动力则不够明显，其在促进产业融合的过程中作用有限。

7.5　本章小结

综上所述，得出了有关数字化转型对促进制造业与服务业融合的影响的结论，具体内容如下：

（1）直接影响：数字化转型对制造业与服务业融合产生积极影响，特别是在东部和东北地区的影响更为显著。此外，在考虑了经济发展、政府干预、人才资源和市场化程度等控制变量后，数字化转型仍然显著推动了制造业与服务业融合。城镇化过程对融合的影响并不积极，反而存在显著的抑制效应。

（2）中介效应：制造业服务化发挥着重要的中介传导作用，但服务业制造化的中介传导作用并不显著。可见，数字化转型通过推动制造业的服务化渠道来间接推动制造业与服务业转型融合发展，但是数字化转型无法通过推进服务业制造化来实现产业融合。

（3）空间自相关性：中国各省份的制造业与服务业融合呈现出典型的相互依赖的空间相关性特征。同时也存在典型的空间非均衡特征，东部的长三角和珠三角具有较高的产业融合水平，而西部和东北地区的产业融合发展水平相对滞后。

（4）空间溢出效应：从整体视角来看，数字化转型不仅对本地制造业与服务业融合产生直接影响，还通过正向空间外溢效应推动了邻近地区的产业融合。这意味着数字化转型在地区间的影响具有积极的传导效应。从局部视角来看，东部和中部地区的数字化转型对本地区和相邻地区的制造业与服务业融合都有显著影响。东部地区的数字化转型对邻近地区产生了"虹吸效应"，而中部地区的数字化转型则带来了正向空间溢出效应。此外，由于数字化转型水平较低，西部和东北地区的影响效果尚不具有明显推动作用，且空间溢出效应并不明显。

综上所述，不同地区的经济差异和资源分布使得数字化转型对制造业与服务业融合的空间溢出效应呈现出异质性。因此，需要针对不同地区的特点制定差异化的产业政策，推动数字化转型与产业发展相协调，同时也需要强化区域间的产业协调发展，促进区域经济协调联动发展。

第8章 数字化转型促进制造业产业结构升级的实证研究

为了验证第三章的理论假设，本章首先在双向固定效应的支持下，采用面板数据模型实证考察数字化转型对制造业产业结构升级的影响，包括线性关系和非线性关系的检验；其次，为识别潜在的空间影响效应，本章进一步构建了空间面板杜宾模型，实证考察了数字化转型对制造业产业结构升级的空间影响效应；再次，为确保实证结果的可靠性，本章还进行了相应的稳健性检验；最后，针对传导机制的检验，本章采用中介效应模型进行实证检验。

8.1 实证设计

8.1.1 计量模型设计

为了检验数字化转型对产业结构升级的促进作用，设计一个含有时间和个体的双向固定效应基准模型。具体模型表达式如下：

$$sr_{it} = \alpha_0 + \beta \cdot sc_{it} + \gamma' X_{it} + \mu_i + \varphi_t + \varepsilon_{it} \tag{8-1}$$

式（8-1）中，sr_{it} 表示第 i 个省份第 t 年的产业结构升级指数，sc_{it} 为第 i 个省份第 t 年的数字化转型水平，β 表示数字化转型的待估参数；X_{it} 为一系列控制变量，γ' 为对应的待估参数；α_0 为常数项，μ_i 为省份个体固定效应，φ_t 为时间固定效应，ε_{it} 为随机误差项。需要说明的是，如果系数 β 显著为正，表明数字化转型能够显著促进制造业产业结构升级。

考虑到"梅特卡夫法则"，网络的价值与节点数的平方相等，在数字化转型的过程中，企业的各种信息和资源都在不断地被数字化和网络化，从而形成了各种数字网络。这些数字网络不断地扩大节点数，从而增加了网络的价值。该法则下，数字化转型对产业结构升级将可能存在着非线性影响，也即当企业开始数字化转型时，其带来的影响可能并不显著，但随着数字化程度的不断提高，其产生的影响也会逐渐增大，呈现出边际效应递增的趋势。因此，在模型（8-1）中引入数字化转型水平的平方项 sc_{it}^2，设计如下双向固定效应模型：

$$sr_{it} = \alpha_0 + \beta \cdot sc_{it} + \beta_1 \cdot sc_{it}^2 + \gamma' X_{it} + \mu_i + \varphi_t + \varepsilon_{it} \tag{8-2}$$

模型（8-2）中，若 β_1 显著为正，表明数字化转型对产业结构升级产生的影响具有边际效应递增的非线性特征。为了深入探讨数字化转型在产业结构升级中的空间溢出效应，在模型（8-1）的基础上引入了产业结构升级、数字化转型以及其他控制变量的空间滞后项，构建了一个空间面板杜宾模型（SDM），具体如模型（8-3）所示：

$$sr_{it} = \alpha_0 + \alpha \sum_{j=1}^n W_{ij} sr_{it} + \beta \cdot \sum_{j=1}^n W_{ij} sc_{it} + \delta \cdot \sum_{j=1}^n W_{ij} Z_{it} + \gamma' Z_{it} + \mu_i + \varphi_t + \varepsilon_{it} \tag{8-3}$$

模型（8-3）中，sr_{it} 表示第 i 个省份第 t 年的产业结构升级指数，W_{ij} 为空间权重矩阵，Z_{it} 为解释变量，包括数字化转型水平和其他控制变量；α_0 为截距项，μ_i 为个体固定效应，φ_t 为时间固定效应，ε_{it} 为随机误差项。需要说明的是，系数 γ 能够刻画数字化转型对产业结构升级的直接影响程度，系数 δ 能够捕捉数字化转型对产业结构升级的空间溢出效应。通过估计空间杜宾模型，可以得出数字化转型对本地产业结构升级的影响程度，以及相邻地区的数字化转型对本地产业结构升级的空间溢出效应。这有助于更好地了解数字化转型在推动地区产业结构升级中的作用，以及不同地区之间的相互影响关系。

8.1.2 变量测度与说明

（1）被解释变量。

产业结构升级 sr 是本章的被解释变量，主要从产业结构合理化和产业结构高级化两方面进行测算。从理论含义来看，产业结构合理化指产业之间的协调能力和关联水平不断动态加强的演变过程；产业结构高级化指产业结构从低水平结构状态向高水平结构状态不断动态演变的过程。借鉴干春晖等（2011）做法，本章采用泰尔指数的倒数来测算产业结构合理化水平。具体计算公式为：

$$irit = \frac{1}{TL_{it}} = \frac{1}{\sum\limits_{j=1}^{3} \left(\frac{Y_{it,j}}{Y_{it}} \right) \ln \left(\frac{Y_{it,j}}{Y_{it}} \Big/ \frac{L_{it,j}}{L_{it}} \right)} \tag{8-4}$$

其中，i 表示省份，t 表示年份，ir 表示产业结构合理化水平，TL 表示泰尔指数，Y_{it} 表示地区生产总值，$Y_{it,j}$ 表示第 j 产业增加值，L_{it} 表示总就业人数，$L_{it,j}$ 表示第 j 产业就业人数。当泰尔指数 TL_{it} 趋近于 0 时，表明产业结构体系处于合理化状态；TL_{it} 值越大，表明产业结构体系越偏离均衡状态，产业结构越发不合理。值得注意的是，ir_{it} 与 TL_{it} 的理论含义恰好相反，即 TL_{it} 值越小，ir_{it} 值就越大，表明产业结构合理化水平越高。

借鉴徐敏和姜勇（2015）的方法，通过以下方式来衡量产业结构高级化水平。产业结构高级化主要用于评估产业结构沿着一、二、三产业逐级发展的程度。虽然大多数研究基于克拉克定理，从"经济结构服务化"的角度出发，采用三产产值与二产产值的比值来揭示产业结构高级化水平，但这未能很好地考虑到第一产业的高级化状态。因此，本书采用如下方法来衡量产业结构高级化水平：

$$is_{it} = \sum\limits_{j=1}^{3} \frac{Y_{it,j}}{Y_{it}} \cdot j \tag{8-5}$$

其中，is 表示产业结构高级化水平，Y_{it} 和 $Y_{it,j}$ 同上。is 值越大，意味着产业结构高级化水平越高。通过上述方法计算出各省份的产业结构合理化和高级化水平后，引入熵权法来计算产业结构合理化和高级化的权重，增强指标体系构建的客观性和科学性以衡量产业结构的优化升级。考虑到实际研究需求和数据可用性，本章对我国 30 个省份在 2010~2022 年的产业结构合理化和高级化水平进行了测算。通过运用熵权法，得到了各个指标的权重。具体而言，产业结构合理化的权重为 0.806，产业结构高级化的权重为 0.194。在使用这些权重对标准化后的产业结构合理化和高级化水平进行加权求和后，再取对数，就可以得到各省份每年的产业结构升级指数。

（2）核心解释变量。

本书的核心解释变量为数字化转型（sc）。参考葛和平和吴福象（2021）以及杨慧梅和江璐（2021）的指标构建方法，结合实际研究需求和可用数据，构建了如表 8-1 所示的数字化转型指标体系。表格中呈现了数字化转型指标的构建维度，各个二级指标对一级指标的均为正向影响值，其权重通过熵权法进行计算得出。根据熵权法计算得到的各个二级指标权重，将标准化后的各个二级指标进行加权求和，最终得到各个省份每年的数字化转型（sc）一级指标。

表 8-1　数字化转型指标构成

一级指标	二级指标	权重
数字化转型	移动电话普及率（部/百人）	0.345
	互联网普及率（%）	0.314
	人均使用移动网络流量（GB/人）	0.112
	软件业务收入	0.135
	技术合同成交额	0.094

（3）控制变量。

基于陈小辉等（2020）、马中东和宁朝山（2020）、沈运红和黄桁（2020）的研究，结合本章研究实际需要，选取了如表 8-2 所示的控制变量。

表8-2　控制变量选取结果

变量名称	变量符号	变量定义
创新水平	*ct*	*Ln*（国内专利申请授权量）
政府干预	*gon*	地区财政支出/地区生产总值×100
外商投资	*Infdi*	*Ln*（外商投资企业总额）
劳动力水平	*Inlab*	*Ln*（地区就业总人口）
社会消费	*cost*	社会零售总额/地区生产总值×100
人口密度	*per*	年末总人口/区域面积×100
基础设施	*inf*	公路长度/年末总人口×10000
固定资产投资	*fix*	固定资产总额/地区生产总值×100

8.1.3　数据来源和描述性统计

考虑到数据可得性，本节选取 2010~2022 年中国 30 个省份（未包含西藏以及港澳台地区）的数据进行实证研究，由此形成了 390 个平衡面板观测值。本节所使用的原始数据来自国家统计局和 Wind 数据库。对于少数缺失的数据，采用了插值法进行了填补。由表 8-3 可知，产业结构升级指数（*sr*）和数字化转型（*sc*）的统计特征表现出明显的差异，表明我国各省份产业结构升级和数字化转型存在典型的空间差异。

表8-3　主要变量描述性统计结果

变量	样本量	均值	标准差	最小值	最大值
sr	390	2.479	0.606	1.674	3.083
sc	390	2.541	0.671	−1.966	3.885
ct	390	9.918	1.459	5.576	13.180
gov	390	26.120	11.460	11.300	75.830
Infidi	390	11.110	1.381	7.762	14.490
Inlab	390	7.652	0.785	5.729	8.875
cost	390	40.580	8.144	25.450	73.900
per	390	4.682	6.965	0.078	38.540

变量	样本量	均值	标准差	最小值	最大值
fix	390	87.550	30.300	22.010	187.800
inf	390	37.560	22.970	5.156	137.800

8.2　实证检验

8.2.1　线性关系的估计结果

在对模型（8-1）进行实证估计之前，本章首先对固定效应和随机效应的估计结果进行了豪斯曼检验，检验结果支持使用固定效应模型。其次在模型中分别引入了时间虚拟变量和个体虚拟变量进行检验，以确定是否需要采用双向固定效应模型。结果发现，时间与个体两类虚拟变量的系数显著，说明采用双向固定效应模型更为合适，不仅尽可能控制潜在的遗漏变量，而且也能够更准确地估计数字化转型对产业结构升级的影响。因此本章采用了双向固定效应模型，以控制时间和省份的影响进行回归分析。为了避免多重共线性的干扰，采用了逐步回归方法来检验模型的稳健性，回归结果如表 8-4 中的列（1）至列（9）所示。

从表 8-4 的结果可以看出，随着控制变量的逐步增加，模型的拟合程度逐渐提高，这意味着模型的解释能力逐渐增强。从列（1）来看，当不考虑控制变量时，数字化转型对产业结构升级表现出显著的正向影响。在逐步引入控制变量的过程中，最终列（9）的估计结果显示，数字化转型的估计系数在 5% 统计水平上显著为正，表明数字化转型显著促进了产业结构升级，从而验证了本书理论假设 H10 的成立。

表8-4 回归结果表

变量	(1) sr	(2) sr	(3) sr	(4) sr	(5) sr	(6) sr	(7) sr	(8) sr	(9) sr	(10) sr
sc^2										0.046* (0.026)
sc	0.095* (0.046)	0.107** (0.047)	0.098** (0.046)	0.106* (0.053)	0.104* (0.051)	0.102* (0.049)	0.125** (0.059)	0.116** (0.044)	0.109** (0.043)	0.089*** (0.025)
gov		0.026 (0.014)	0.024* (0.013)	0.020* (0.013)	0.023* (0.012)	0.024* (0.015)	0.020* (0.012)	0.022* (0.013)	0.020* (0.012)	0.023* (0.012)
$cost$			0.004*** (0.001)	0.004*** (0.001)	0.004*** (0.001)	0.004*** (0.001)	0.004*** (0.001)	0.004*** (0.001)	0.004*** (0.001)	0.003* (0.001)
$lnfdi$				-0.153** (0.065)	-0.158** (0.065)	-0.162** (0.065)	-0.139*** (0.047)	-0.132*** (0.041)	-0.126*** (0.04)	-0.146*** (0.047)
$lnfix$					0.041 (0.043)	0.032 (0.040)	0.054 (0.038)	0.059 (0.041)	0.066 (0.043)	0.018 (0.032)
inf						0.004 (0.005)	0.007 (0.007)	0.007 (0.007)	0.006 (0.006)	0.006 (0.006)
ct							-0.121 (0.128)	-0.11 (0.117)	-0.101 (0.105)	-0.106 (0.104)
$lnlab$								-0.245 (0.511)	-0.175 (0.495)	-0.084 (0.457)
$lnper$									-0.462 (1.333)	-0.093 (1.393)
截距项	2.369*** (0.080)	1.826*** (0.355)	1.689*** (0.342)	3.306*** (0.446)	3.201*** (0.504)	3.105*** (0.505)	3.756*** (1.039)	5.407 (4.02)	5.142 (3.787)	2.364*** (0.080)
个体效应	YES	YES	YES	YES	YES	YES	YES	YES	YES	YES
时间效应	YES	YES	YES	YES	YES	YES	YES	YES	YES	YES
样本量	390	390	390	390	390	390	390	390	390	390
R^2	0.569	0.622	0.628	0.668	0.672	0.674	0.679	0.680	0.688	0.692

注：括号内为标准误差，***、**和*分别表示在1%、5%和10%水平上显著。

就控制变量而言，政府干预对产业结构升级有显著的正向影响，这说明适当的产业政策可以促进产业结构升级。而社会消费水平对产业结构升级也有显著的正向影响，这表明社会需求的增长能够推动产业结构供给方面的发展。

8.2.2　非线性关系的估计结果

在对模型（8-1）进行线性关系检验之后，本节进一步对模型（8-2）的非线性关系进行实证检验，结果报告于表 8-4 的列（10）中。据此可知，数字化转型水平的平方项（sc^2）在 10% 统计水平上显著为正，表明数字化转型对产业结构升级的促进作用存在边际效应递增的非线性特征。因此，这一结果验证了本书理论假设 H11 的成立。

8.2.3　空间溢出效应的估计结果

在进行空间计量模型估计前，本章采用 Moran's I 指标对数字化转型和产业结构升级进行空间自相关检验。根据研究对象的实际情况，本节主要选取邻接矩阵进行空间自相关检验，具体结果报告于表 8-5 中。

表 8-5　2010~2022 年数字化转型和产业结构升级的 Moran's I 指数

年份	数字化转型		产业结构升级	
	Moran's I	Z 值	Moran's I	Z 值
2010	0.148 *	1.575	0.448 ***	4.057
2011	0.276 ***	2.705	0.469 ***	4.292
2012	0.257 **	2.439	0.532 ***	4.706
2013	0.252 **	2.332	0.551 ***	4.902
2014	0.223 **	2.389	0.532 ***	4.705
2015	0.224 **	2.246	0.552 ***	4.956
2016	0.230 **	2.098	0.538 ***	4.684
2017	0.202 **	1.892	0.534 ***	4.683
2018	0.161 *	1.599	0.537 ***	4.684

年份	数字化转型		产业结构升级	
	Moran's I	Z 值	Moran's I	Z 值
2019	0.185**	1.751	0.495***	4.306
2020	0.162*	1.906	0.535***	4.194
2021	0.182**	2.021	0.446***	4.010
2022	0.163*	2.346	0.399***	3.776

注：***、**和*分别表示在1%、5%和10%水平上显著。

由表8-5可知，在邻接矩阵的支持下，样本期内数字化转型的 Moran's I 结果值呈现出先增后降的趋势，且都至少通过了10%统计水平上的显著性检验；产业结构升级的 Moran's I 结果值均在1%统计水平上显著为正，且同样呈现出先增后降的演变趋势（大多大于0.4）。可见，中国各省份数字化转型和产业结构升级均呈现典型的空间依赖性特征，即数字化转型和产业结构升级在空间分布上呈现集聚的现象。在空间自相关检验的基础上，本节采用空间面板杜宾模型进行实证检验，具体结果报告于表8-6之中。根据表8-6中的结果，SDM 模型中数字化转型与邻接矩阵的空间交互项显著为正，数字化转型对产业结构升级的影响具有空间交互效应，也就是说，一个地区的数字化转型不仅会影响本地区的产业结构升级，还会对相邻地区的产业结构升级产生影响。从直接效应和溢出效应的角度来看，数字化转型的直接效应和间接效应的估计系数都显著为正，这表明本地数字化转型不仅显著促进了本省份的产业结构升级，而且也对相邻省份的产业结构升级产生了显著的正向溢出效应。这意味着，数字化转型对于产业结构升级的影响不仅仅局限于本地，还可能对周边地区产生积极的影响。这种现象可能是由于数字化转型带来的技术进步和创新，不仅使得本地经济更具有竞争力，同时也为相邻地区提供了新的发展机遇和合作机会。因此，一个地区的数字化转型不仅会影响本地区的经济发展，也会对整个区域的经济产生积极的影响。综上所述，空间面板杜宾模型的结果验证了本书理论假设 H12 成立。

表 8-6　基于邻接矩阵的空间杜宾面板回归

变量	直接效应	产业结构升级 sr 溢出效应	总效应
sc	0.131***	0.227***	0.354***
	(2.692)	(2.853)	(3.064)
gon	0.003	−0.044***	−0.054***
	(1.430)	(−6.526)	(−4.470)
cost	0.015***	0.003	0.013***
	(6.946)	(0.590)	(5.341)
Infdi	0.206***	0.270***	0.392***
	(8.523)	(6.436)	(8.404)
Infix	0.023	0.124*	0.164*
	(0.756)	(1.730)	(1.674)
inf	−0.003	0.007*	0.006
	(−1.088)	(1.804)	(1.489)
ct	0.182***	−0.419***	−0.352**
	(5.205)	(−9.624)	(−5.684)
Inlab	−0.716***	0.233***	−0.308***
	(−14.336)	(4.024)	(−4.862)
Inper	0.079***	−0.138**	−0.052
	(2.086)	(−2.622)	(−0.790)
W×sc		0.288***	
		(2.665)	
P		−0.242***	
		(−2.554)	
LogL		76.253	
N		390	
R^2		0.798	

注：括号内为标准误，***、**和*分别表示在1%、5%和10%水平上显著。

8.3　稳健性检验

8.3.1　对线性关系的稳健性检验

（1）内生性检验。

通过表 8-7 列（1）的结果可以观察到，当将数字化转型水平的滞后一期

（L. sc）作为替代解释变量引入模型（8-1）中时，该变量的系数在 1% 的水平上显著为正。这表明在考虑内生性问题的情况下，滞后一期的数字化转型仍能显著促进产业结构转型升级，进而再次验证了前文线性关系估计结果的可靠性。

表 8-7　基于线性与非线性的稳健性检验结果

变量	(1) sr	(2) ir	(3) sr	(4) ir
$L. sc$	0.117*** (0.041)	0.137** (0.056)	0.103*** (0.027)	0.127*** (0.042)
$L. sc^2$			0.045** (0.021)	0.034 (0.028)
gov	0.025** (0.011)	0.020 (0.013)	0.025** (0.011)	0.020 (0.013)
$cost$	0.003** (0.001)	0.003* (0.002)	0.002 (0.001)	0.002 (0.002)
$lnfdi$	−0.087** (0.034)	−0.073 (0.073)	−0.107*** (0.039)	−0.089 (0.071)
$lnfix$	0.061 (0.041)	0.121* (0.068)	0.023 (0.036)	0.092 (0.060)
inf	0.013* (0.006)	0.020** (0.008)	0.012* (0.006)	0.019** (0.008)
ct	−0.173 (0.117)	−0.232* (0.133)	−0.174 (0.113)	−0.233* (0.131)
$lnlab$	−0.266 (0.467)	0.289 (0.564)	−0.165 (0.432)	0.367 (0.544)
$lnper$	−0.172 (1.441)	−0.955 (1.999)	0.183 (1.453)	−0.682 (1.984)
C	5.615 (3.633)	1.203 (3.970)	4.859 (3.468)	0.621 (3.819)
个体效应	是	是	是	是
时间效应	是	是	是	是
N	360	360	360	360
R^2	0.683	0.388	0.691	0.393

注：括号内为标准误，***、**和*分别表示在1%、5%和10%水平上显著。

（2）替换被解释变量。

在模型的基础上，考虑到产业结构高级化的测算可能受到异常值的影响，以及在指标权重中产业结构合理化的影响更大，研究做出了调整。通过使用数字化转型的滞后一期作为解释变量，并将产业结构升级指数替换为产业结构合理化水平（ir）作为被解释变量，重新进行了模型的估计。在双向固定效应模型下，结果如表 8-7 中的列（2）所示。从列（2）可以看出，核心解释变量 $L.sc$ 的系数仍然显著为正。因此，可以认为数字化转型对产业结构升级具有正向影响的结论在这种调整后仍然是稳健的。表明数字化转型对于产业结构升级的积极作用是真实存在的，并且具有较高的可靠性和稳定性。这种稳健性表明数字化转型对产业结构升级的影响不仅仅是一种短期的、暂时的现象，而是长期、持续的影响。即使在考虑了其他因素的作用后，数字化转型对产业结构升级的正向影响仍然显著，这表明数字化转型对于区域经济发展的重要性不容忽视。此外，这也表明数字化转型对产业结构升级的影响不仅仅局限于某些特定的地区或行业，而是广泛适用于不同的地区和行业。这意味着数字化转型对于经济发展的积极作用具有普遍性，应该得到更多的关注和重视。

8.3.2　对非线性关系的稳健性检验

类似于前面的线性分析的稳健性检验，首先使用数字化转型的滞后一期作为替代解释变量的基础上，对模型（8-2）进行了回归，结果如表 8-7 中的列（3）所示。从列（3）可以看出，解释变量 $L.sc^2$ 的系数在 5% 水平上显著为正，与之前的回归结果一致。因此，在排除内生性问题的情况下，前文模型（8-2）的检验结论是稳健的。

接着，为了进一步验证假设 H11 的稳健性，研究在使用数字化转型的滞后一期作为解释变量的基础上，选取产业结构合理化水平（ir）替代被解释变量产业结构升级水平，仍然采用双向固定效应模型进行回归。结果见表 8-7 中的列（4）。据此可知，解释变量 $L.sc^2$ 的系数为正，但并不显著，这可能说明数字化转型对产业结构升级的边际效应递增的非线性溢出效应可能受到异质性影响因素的影响。

综上所述，上述稳健性检验的结果表明：在排除内生性问题和考虑异质性影响因素后，数字化转型对产业结构升级始终存在显著正向线性影响和边际效应递增的非线性特征，进而仍然支持本书理论假设 H10 和 H11 的成立性。

8.3.3 对空间溢出效应的稳健性检验

如前文所述，在之前的基于空间邻接矩阵的检验基础上，为了确保结论的稳健性，进一步运用了空间地理距离矩阵和空间经济距离矩阵，再次检验了数字化转型对产业结构升级的空间溢出效应。具体检验结果如表8-8所示。

表8-8　基于空间溢出效应的稳健性检验结果

变量	产业结构升级（空间地理距离矩阵）			产业结构升级（空间经济距离矩阵）		
	直接效应	溢出效应	总效应	直接效应	溢出效应	总效应
sc	0.093 ** (1.835)	0.453 *** (3.027)	0.544 *** (3.202)	0.094 *** (2.842)	0.141 (1.620)	0.226 *** (2.523)
gov	0.022 *** (6.524)	0.017 * (1.453)	0.036 *** (3.388)	0.021 *** (5.369)	−0.003 (−0.224)	0.018 ** (1.987)
inf	−0.006 *** (−3.286)	−0.026 *** (−4.054)	−0.031 *** (−5.657)	0.002 (0.900)	0.006 (0.330)	0.009 (0.622)
$Infdi$	0.160 *** (5.680)	0.002 (0.002)	0.165 (1.325)	−0.142 *** (−3.553)	−0.083 (−0.427)	−0.179 * (−1.628)
$cost$	0.006 *** (2.538)	0.004 (0.582)	0.011 (1.232)	0.005 *** (2.836)	−0.003 (−0.326)	0.003 (0.556)
$Infix$	−0.203 *** (−4.101)	−0.601 *** (−4.328)	−0.803 *** (−4.997)	0.098 ** (2.301)	0.042 (0.384)	0.140 (1.217)
ct	0.224 *** (7.077)	−0.250 ** (−2.381)	−0.011 (−0.079)	−0.079 * (−1.788)	0.352 *** (3.093)	0.262 ** (2.044)
$Inlab$	−0.534 *** (−11.848)	0.448 *** (3.054)	−0.086 (−0.569)	−0.060 (−0.310)	0.386 (0.718)	0.326 (0.556)

变量	产业结构升级（空间地理距离矩阵）			产业结构升级（空间经济距离矩阵）		
	直接效应	溢出效应	总效应	直接效应	溢出效应	总效应
lnper	0.058*	−0.500***	−0.392***	−0.884	−3.968**	−4.403**
	(1.660)	(−3.860)	(−3.922)	(−0.979)	(−3.522)	(−2.339)
$W×sc$		0.416***			0.223*	
		(2.833)			(1.873)	
p		−0.062			−0.351***	
		(−0.559)			(−2.569)	
LogL		45.927			238.056	
N		390			390	
R^2		0.662			0.209	

注：括号内为标准误，***、**和*分别表示在1%、5%和10%水平上显著。

根据表 8-8 的结果，在基于空间地理距离矩阵的回归中，数字化转型的空间交互项 $W×sc$ 系数在 1% 的水平上显著为正，说明本省份的数字化转型对该地的产业结构升级具有明显的正向作用，从溢出效应的那列回归结果来看，相邻省份的数字化转型对本省份产业结构升级也存在显著的正向溢出效应。而在基于空间经济距离矩阵的回归中，数字化转型的空间交互项 $W×sc$ 系数在 10% 的水平上显著为正，说明数字化转型对本省份产业结构升级具有显著的正向直接效应，但对相邻省份的产业结构升级的正向溢出效应并不显著。综合而言，这些检验结果与之前基于空间邻接矩阵的结果基本一致，进一步加强了前文模型（8-3）的检验结论的稳健性，并再次验证了理论假设 H12 的可靠性。

8.4　传导机制检验

前文的研究结果表明，数字化转型不仅在本地区产业结构升级方面具有边际效应递增的促进作用，也对相邻地区的产业结构升级产生显著的促进作用，同时产业数字化是其中重要的传导机制。鉴于此，本节采用中介效应模型进行检验。

8.4.1　模型设计

为验证数字化转型通过促进产业数字化转型进而赋能产业结构升级，本章借鉴温忠麟和侯杰泰（2004）提出的检验程序，构建如下含有双向固定效应的中介效应检验模型：

$$sr_{it} = \alpha_0 + \beta \cdot sc_{it} + \gamma' Y_{it} + \mu_i + \varphi_t + \varepsilon_{it} \tag{8-6}$$

$$cr_{it} = \alpha_0 + \beta \cdot sc_{it} + \gamma' Y_{it} + \mu_i + \varphi_t + \varepsilon_{it} \tag{8-7}$$

$$sr_{it} = \alpha_0 + \beta_1 \cdot sc_{it} + \beta_2 \cdot cs_{it} + \gamma' Y_{it} + \mu_i + \varphi_t + \varepsilon_{it} \tag{8-8}$$

上述模型中，cs_{it} 为中介变量，表示产业数字化水平。首先，对模型(8-6)进行估计，若数字化转型 sc_{it} 的系数 β 显著为正，则说明数字化转型对产业结构升级具有正向影响。接下来对模型(8-7)进行估计，判断数字化转型对产业数字化的影响，若数字化转型 sc_{it} 的系数 β 显著为正，说明数字化转型对产业数字化确实存在正向影响。其次，对中介作用进行检验分析。通过模型(8-8)的估计，如果系数 β_1 和系数 β_2 均呈现出显著结果，那么可以认为产业数字化在数字化转型对产业结构升级的过程中起到了部分中介作用；如果均不显著，则需要考虑另外的方法进行检验中介效应。也可能出现的另外一种情况是，只有反映产业数字化 cs_{it} 的系数 β_2 出现显著的情况，而数字化转型 sc_{it} 的系数 β_1 却不显著，则说明只有产业数字化起到了中介作用。

8.4.2　估计结果

需要说明的是，前文基准模型（8-1）已验证了数字化转型对产业结构升级具有正向影响。因此，本节直接从中介效应模型的第二步和第三步进行检验，也即估计模型（8-7）和模型（8-8），具体结果报告于表8-9中。据此可知，列（1）中数字化转型 sc_{it} 的估计系数在10%统计水平上显著为正，表明数字化转型能够显著促进产业数字化发展。需要说明的是，为尽可能减少内生性问题的负面影响，本节对数字化转型和产业数字化水平均进行滞后一期处理。此时，列（2）的结果显示，滞后一期的数字化转型 $L.sc_{it}$ 和产业数字化 $L.cs_{it}$ 的估计系数均至少在10%统计水平上显著为正，表明产业数字化起到了部分中介作用。因此，数字化转型通过产业数字化渠道来推动产业结构升级，进而直接支持了本书的理论假设 H13。

表 8-9　产业数字化的中介效应检验

变量	(1) cs	(2) sr
L. sc		0.117** (0.054)
sc	0.139* (0.077)	
L. cs		0.092* (0.052)
ct	0.051 (0.102)	−0.152 (0.125)
gov	−0.006 (0.006)	0.021* (0.012)
cost	−0.001 (0.002)	0.003** (0.001)
Infdi	−0.034 (0.076)	−0.104** (0.045)
L. Infix		0.129** (0.037)
Infix	−0.357** (0.151)	
截距项	2.926* (1.449)	3.556*** (1.053)
个体效应	是	是
时间效应	是	是
样本量	390	360
R^2	0.763	0.692

注：括号内为标准误，***、**和*分别表示在1%、5%和10%水平上显著。

为了验证上述结果的可靠性，本章采用 Sobel 检验法对产业数字化的中介作用进行了进一步的检验，结果如表 8-10 所示。

表 8-10　Sobel 检验法检验结果

中介效应与总效应之比	0.231
中介效应与直接效应之比	0.303
总效应与直接效应之比	1.304

从表中可以观察到，在数字化转型对产业结构升级的总效应中，产业数字化的中介效应所占比例约为 23.1%。可见，在数字化转型的过程中，产业数字化对制造业产业链升级发挥重要作用，推动上下游企业的数字化信息化升级，提高数字化在产业发展中的支撑作用。作为新型生产要素的数据发生着关键作用，通过对数据的收集、分析和利用，优化了制造业企业的生产流程、提高生产效率和质量，推动产业结构的升级。通过数字技术的应用，不同产业之间可以相互渗透和融合，形成新的产业形态和商业模式，进一步推动产业结构升级，这些在数字化转型对产业结构升级的影响中发挥了部分中介作用。

综上所述，前文的检验结论是稳健可靠的。

8.5　本章小结

本章以数字化转型发展促进产业结构升级这一已经在理论和实践中得到验证的事实为基础，深入探讨了数字化转型和产业数字化两个视角，使用 2010～2022 年我国 30 个省份的面板数据作为样本，运用固定效应模型和空间杜宾模型，对数字化转型对产业结构升级的直接影响、非线性特征，以及两者之间的时空演化关系和产业数字化在数字化转型促进产业结构升级中的中介效应进行了实证检验。

　　研究结果表明：首先，数字化转型对中国产业结构升级具有积极促进作用，即使在稳健性检验中，将数字化转型滞后一期作为解释变量，或者用产业结构合理化指标替代被解释变量，结论仍然成立。其次，数字化转型的促进作用呈现出边际效应递增的非线性特征，这一结论在进行稳健性检验后依然成立，显示出随着区域数字化转型水平的提高，由数字产业带来的产业结构升级红利也随之增大。再次，数字化转型在对本地产业结构产生显著正向促进作用的同时，对相邻地区也有一定的正向溢出效应。这一结论在不同空间距离矩阵下都显著成立，说明数字化转型有助于推动相邻地区产业结构升级，有助于地区间经济格局的均衡发展，减缓中国区域不平衡发展现象。最后，数字化转型在促进产业结构升级过程中，产业数字化具有部分中介作用，数字化转型和产业数字化相互协同，优化资源配置效率，共同推动产业结构升级，对实现经济高质量发展具有重要意义。

第9章　主要结论与政策建议

9.1　主要结论

首先，数字化转型对制造业企业的全要素生产率提高促进作用显著，虽然影响效果在不同层面的企业和地区存在差异，但不同所有制、不同规模、不同市场化程度的企业都能受益于数字化转型的发展，通过增强企业内控管理和成本控制等途径提高了自身的全要素生产率，这也意味着数字化转型的影响途径不仅仅局限于直接的技术创新，还包括企业内部管理和效率的提高。

其次，在数字化转型迅速发展的背景下，企业的数字化水平持续提升，这也为绿色技术创新提供了重要的动力。本书发现：在重污染行业，企业的数字化转型显著地提升了绿色技术创新水平，特别是在促进绿色发明专利这种内含更高创新程度的方面，通过一系列稳健性检验后仍然成立。重视环保投资的企业，通过数字化转型产生的信息效应获取更多的市场信息和环保信息为企业了解市场需求和制定合理的绿色创新战略提供支持，通过知识整合效应促进企业内部各部门之间的信息共享和知识交流，提高企业的协作效率和绿色创新能力。

再次，本书基于数字化转型驱动制造业与服务业融合内在机制基础上，研究了数字化转型对制造业与服务业融合的影响。数字化转型对产业融合具有推动作用，这种推动作用目前也存在较为明显的区域差异。东部沿海地区，如长三角、珠三角等，产业融合的水平较高，西部和东北地区的融合发展程度相对滞后，区域经济平衡问题需要持续关注和重视。从传导机制来看，数字化转型不仅直接促进制造业与服务业的融合，还通过促进制造业服务化来间接推动产业融合。就本书的结果来看，服务业制造化的中介效应没有得到显著的结果，显示数字化转型可能无法通过推进服务业制造化来实现产业融合。

最后，本书从数字化转型和产业数字化两个更深入的视角切入，利用 2010～2022 年我国 30 个省份的面板数据，采用固定效应模型和空间杜宾模型，对数字化转型对产业结构升级的直接影响及其非线性特征、数字化转型与产业数字化的时空关系及其可能存在的中介效应等进行了实证检验。研究结果表明：第一，数字化转型对中国的产业结构升级具有积极的促进作用。在进行稳健性检验时，分别以数字化转型滞后一期代替解释变量，并使用产业结构合理化指标替代被解释变量，研究结论依然得以证实。第二，数字化转型对产业结构升级的推动作用呈现出递增的非线性特征。在经过稳健性检验后，这一结论依然具有稳定性，这说明随着地区数字化转型的不断推进，数字化转型对产业结构升级的正向影响作用越发显著。第三，数字化转型不仅对本地区产业结构升级产生积极的影响，同时还对邻近地区的产业结构升级产生了正向的空间溢出效应。这个结论在基于空间邻接矩阵和空间地理距离矩阵的不同检验方法下均得以证实，表明数字化转型能够在区域间促进产业结构的协调发展，一定程度上减轻中国区域经济发展不均衡的问题。第四，数字化转型推动产业结构升级的过程中，产业数字化发挥了一定的中介作用。数字化转型对产业结构升级有显著的正向推动作用，且同样具有非线性特征，同时，数字化转型与产业数字化之间产生的协同作用，提高了各生产要素的配置效率，这种协同作用对推动产业结构的升级也有着积极效果，这对于实现高质量的经济发展具有重要的意义。

9.2　政策建议

第一，加大对数字化转型核心产业的支出和投入促进其发展。加速建设高速、泛在、智能、融合的新一代信息网络基础设施，包括5G、物联网、工业互联网、人工智能等新型基础设施，以及智慧城市、智能交通、智能电网等数字化应用基础设施，以创造数字化转型的新优势，进而推动数字化转型与制造业高质量有机融合。为实现成为世界数字化转型强国，必须加强数字基础设施建设。在城市范围内，应当完成5G基站的全覆盖，同时进行城域网络IPv6升级改造，并适度超前进行CDN的IPv6改造，积极布局基于IPv6+的下一代互联网创新技术，同时推动NB-IoT建设向5G-IoT的平稳过渡。此外，需要加速建设城市级的区块链基础设施平台，打造能够服务政府、行业和企业应用的云网融合平台，推动通信和广电等信息基础设施的共建共享，从而为数字化转型和产业数字化的协同发展奠定坚实的基础。还需要围绕产业链的布局，制定数字技术专项研究计划，深入推进核心电子元器件、高端芯片、核心工业软件等关键底层技术、共性技术以及关键技术的研发。在资金投入方面，需要加大对关键共性数字技术研发的支持，建立数字技术研发建设基金，大幅增加数字科技资金的投入，提高研发费用税前加计扣除比例。同时，创建针对关键共性数字技术的产学研合作机制，借助研发机构、高校、企业以及社会机构的力量，共同推动关键技术的研发，进一步加速在战略性新兴产业中的研究基地布局，提升关键共性技术的研发速度和产业化推广，从而提升产业的竞争力。在具体技术方面，要重点推动5G、人工智能、物联网等基础设施的建设，同时加快工业宽带网络的升级改造，支持工业企业内部网络的改造，以及传统制造业企业利用新型技术和设备改善生产现场网络和系统，从而提高生产质量、效率和资产运营水平，为企业提质增效创造有力支撑。

第二，需要积极推进数字技术标准的制定。要加强在强制性国家标准体系方面的顶层设计，这意味着应根据制造业转型的需求和数字技术的发展趋势，审查当前正在实施的技术标准，识别现有标准的不足之处，分析企业在数字化转型背景下转型对新标准的需求，制定与产业发展图谱相匹配的标准图谱。同时，要突破传统行业和领域的障碍，建立在产业链上下游协同制定标准的机制，以推动统一的标准体系的形成。特别是对于关键行业，需要建立完整的产业链标准图谱，推动标准体系的构建。此外，还应推动领军企业和科研机构在数字化转型领域术语、数据格式以及工业互联网方面制定、发布和执行标准。鼓励更多企业将先进技术转化为行业标准，从而提升企业的竞争力，并实现标准之间的互联互通。同时，要重视国际标准，提高国内标准技术水平。这可以通过对标国际标准，促进我国标准与国际接轨，鼓励企业积极参与国际标准化组织的工作，参与国际标准和技术法规的制定，以提升我国在国际标准制定中的影响力和风险防控能力。鉴于"一带一路"倡议，可以推行强制性国家标准的外文版本，在国际技术合作方面更积极，吸纳全球最新的科技成果。通过推广国家标准，促进国际贸易的发展，推动我国数字技术和产品的国际化，提高国际市场份额。

第三，应支持科技成果向产业转化，推动数据的开放与共享。首先，需要进行企业数字化转型所需数字技术的调研，对现有科技成果进行梳理、跟踪和挖掘。建立科技成果信息沟通机制，设立双方科技成果沟通平台，以促进供需信息公开，实现信息之间的有效对接。同时，应制定相应政策，加速新技术的市场化和工程化过程，推动数字技术的大规模产业化，不断加快技术成熟度的迭代。鼓励高校院所雇佣技术经纪人从事技术转移服务，进一步鼓励技术经纪人从兼职向专职的转变，完善技术转移体系。其次，需要改革科技成果的管理体制，通过联动省市投资平台参与国家科技重大专项成果转化合作模式，如产学合作基金、成果转化基金等，改革基金财务管理制度，增加科研人员在科研基金管理中的便利度以进一步激发科研人员积极性。此外，支持企业加速数字化工具和设备的部署，借助工业互联网建立信息协同机制，提升生产环境数据、设备数据和产品标识数据的采集能力，持续推动数据的开放共享和高质量集聚。通过连接企业的管理信息系统和生产控制系统数据，实现企业数据的全程远程监控，提高数据的完整性。在不同领域推动标识数据的采集和共享，加速上下游企业间的数据开放共享，建立合作共赢的共享机制，鼓励数字服务平台向中小企业提供支持。同时，推动产业链和供应链数据共享图谱的研制，助力产业链数据的互通。鉴于数据的重要性，还需支持企业构建自主的大数据平台，积极参与关键数据流通技术的攻关，实现多源数据的采集与流通，以确保数据的准确性。同时，鼓励企业建立健全的数据管理机制，通过免费共享和付费订阅等方式完善数据交易制度，同时加强市场监管，提高数据流通的安全性。探索数据确权、数据交易等制度的制定，明确数据交易双方的责任和义务，建立问责机制，以形成完善的数据保护体系，推动数据的高效利用和深度挖掘。

第四，强化规模庞大的企业在数字化转型中的领导地位，利用数字化转型的规模效应推动"数实融合"。目前来看，数字化转型对国有企业和大型企业的促进效应较为显著，这凸显了规模效应的作用。因此，在政策制定方面，应继续鼓励规模庞大的企业在数字化转型方面发挥引领作用，鼓励它们加速数字化转型的升级，以更好地发挥它们在数字化转型中的关键作用。这不仅将有助于数字化转型与制造业的有机融合，还将有助于数字化转型的健康发展。同时，需要确保市场在数字化转型资源分配中起到决定性作用，以维护市场的稳定性和可持续性。研究结果显示，东部沿海地区以及市场化程度高的地区的企业在行业数字化转型方面表现出色，这再次强调了市场机制在数字化转型资源配置中的关键作用。实现这一目标，需要在创新和监管之间取得平衡，通过强化监管来保障市场的公平竞争。为民营经济创造更广阔的市场空间环境的同时，也要关注数字化转型的作用机制，通过行业协会、商会协助提升区域市场主体的管理水平。在推动产业数字化的过程中，应该更加注重数字技术的实际应用效果，以提高企业的效率和竞争力为核心目标，从而促进数字化转型与实体经济中制造业高质量的有机结合。

第五，提高各市场主体的数字化意识和科学决策能力。首先，企业要从自身意识上高度重视数字化转型。数字化转型不仅可以应对短期的冲击，如新冠疫情带来的影响，还可以为企业的可持续发展提供支持。企业自身也需要做好数字化转型的规划，而不是贸然进行所谓的转型。其次，企业需要意识到数字化转型并非万能，其效果在不同类型的企业之间可能会有差异，因此应根据自身的需求和特点来选择适合的数字化转型方案。这个计划跨足多个领域，包括盈利模式、产品生产、服务提供、运营方式以及决策机制等多个方面的创新。最后，企业应当根据自身需要分阶段推进转型项目，控制转型成本。政府则可以通过优先支持龙头企业、"链主企业"形成良好的示范和带动效应，带动行业企业加快数字化转型进程。一旦一个地区形成一批数字化转型的先行者，整个区域市场将很快形成有序的竞争局面，政府可以加强与这些先行企业的合作，力图将转型外溢到整个地区，带动区域经济发展。

第六，积极推动数字化技术在企业各个环节的广泛应用，以助力企业实现可持续发展，并激发其进行绿色技术创新。政府应该鼓励企业在生产、管理和创新方面广泛采用数据处理技术，如云计算和区块链。同时，在研发创新和能源消耗管理等领域，积极推动数字仿真和大数据分析等技术的应用，构建推动企业环境管理和绿色化生产为核心的创新生态。通过数字化技术获取客户的反馈和需求，了解市场趋势和竞争对手的动态，从而调整产品设计和生产方式，减少资源浪费和环境污染。通过数字化技术将生产、销售、采购等部门的数据和知识进行整合和集成，形成更加全面和系统的知识库和信息平台，促进各部门之间的协作和交流，提高企业的绿色创新能力和市场竞争力。通过政产学研将不同创新主体融入创新生态，形成更为新型的研发生态系统。环保部门则应引导企业充分运用数字技术进行绿色技术创新，政府可以通过税收和财政激励措施，以及颁布相关标准和规范等行政手段，积极发挥外部环境和法规等因素的刺激效应，更好地引导和支持企业进行环保投资和环境治理。这有助于创造一个有利于绿色创新的环境，推动企业在数字化转型中更加注重绿色可持续发展。

第七，加快数字技术与传统产业的深度融合。首先，政府应制定相关支持措施，引导龙头企业成为工业互联网赋能传统产业转型的典范，进而推动上下游产业链企业进行系统化的数字化转型。政府可以提供资金支持、政策激励等手段，鼓励龙头企业在数字技术与传统产业的融合上发挥引领作用，形成典型案例和经验，为其他企业提供指导和借鉴。这样的举措有助于推动整个产业链的数字化转型。其次，针对各行业中小企业转型速度较慢、难度较大的问题，可以借鉴消费互联网的思维，由政府加大投入，构建大型公共服务平台，推进中小企业上云上平台。通过建立开放共享、协同创新的平台，促使多方主体协同合作，加速工业化和现代化的深度融合。政府可以在技术培训、数字化转型咨询等方面提供支持，帮助中小企业克服数字化转型的难题。总之，加速数字技术与传统产业的深度融合是实现产业升级和数字化转型蓬勃发展的重要举措。政府在其中扮演着引导、激励和支持的角色，通过制定政策、提供资源，推动各类企业充分利用数字技术，实现产业的转型升级，推动经济的创新发展。

第八，进一步加强对数字产业的政策、资金与人才支持力度。数字化转型作为数字化转型发展的基石，同时也是产业结构升级的关键先导和基础条件。在这一背景下，需要加强财政资金的引导作用，出台相关政策，加大扶持的力度，集中优势资源，推动关键环节、关键技术、关键领域的突破。此外，可以借力于重大人才计划，加速培养和引进那些具备工业技术专长且精通新一代信息技术的跨领域、复合型人才。整合企业、高校、科研院所等多方力量，推行科技攻关揭榜制度以及首席专家组合模式，致力于在关键核心技术研发和颠覆性技术攻关等方面取得重大突破。借助重点院校、大型企业和产业园区等平台，构建一系列政、产、学、研、用"五位一体"相结合的数字化转型专业人才培训基地。这些基地将有助于对现有从业人员进行素质和能力提升，从而提供更多适应数字化转型需求的高素质人才。在数字化转型的推进过程中，政策、资金和人才的有力支持将有助于加速数字化转型的蓬勃发展，促进产业升级和创新驱动。

第九，因地制宜制定数字产业发展战略，为全面推进产业结构升级和实现区域均衡协调发展提供动力和支持。在战略实施上，首先要根据各地的特点采取差异化的策略。利用北上广深等一线城市或省会城市的优势建设数字技术创新中心，以获得更多数字化转型的发展红利。这些地区的数字化发展也可以通过空间溢出效应，推动中西部地区数字化转型和产业结构的升级。对于中西部地区，需要将重点落实在人才的引育中，注重专业人才、创新创业人才以及国际化人才的培养和引进。同时，在中西部地区要尽快打造省级、国家级的数字产业、数字化转型或数字特色产业示范区，利用数字技术释放创新潜力。这种做法有助于发挥后发优势，实现数字产业发展的快速跨越。总之，通过实施动态化和差异化的数字产业发展战略，可以更好地发挥各地的优势和特点，推动数字化转型在不同地区的快速发展，为经济结构的升级和发展提供更为有效的路径和模式。

9.3　研究展望

在当今的数字化时代，制造业的高质量发展正在经历一场深刻的变革。数字化转型，作为推动制造业高质量发展的关键驱动力，已成为学术界和产业界共同关注的焦点。未来的研究将在以下几个方面深化和拓展：

第一，数字化转型的深度与广度。未来研究需要构建更为综合的理论模型，深入探讨数字化转型如何影响制造业的每一个环节，从产品研发到生产流程，再到市场营销和服务；多维度分析，重点关注数字化技术如云计算、大数据、人工智能、物联网等在制造业中的应用，并分析它们如何单独及综合地影响制造业的发展。

第二，数字化转型中的挑战与对策。研究应区分数字化转型对企业绩效的短期影响和长期影响，探索如何在短期内有效缓解转型带来的负面效应，同时最大化其长期正面效果。如何进一步深入研究数字化转型过程中可能遇到的挑战，如资金投入、技术研发、人才培养、管理变革等，并提出相应的对策。

第三，数据安全与隐私保护。数字化转型中，数据安全和隐私保护是不可忽视的方面。未来的研究应关注数据安全风险评估和管理，探讨如何在确保数据安全和隐私的前提下，合理利用数据资源，制定符合法规要求的数据管理策略。

第四，数字化转型的综合案例研究。深入分析数字化转型成功与失败的案例，吸取经验教训，为其他企业提供参考。跨国比较研究，比较不同国家和地区制造业的数字化转型实践，分析不同国家政策和市场环境对转型的影响。

综上所述，未来关于数字化转型对制造业高质量发展的研究将是多方面、多层次的，涉及技术、经济、管理、文化等多个维度。这些研究不仅有助于深化我们对数字化转型影响的理解，还将为企业管理者、政策制定者提供实际的指导和参考。

参考文献

［1］安筱鹏．数字化转型的关键词［J］．信息化建设，2019（6）：50-53.

［2］白雪洁，周晓辉．产业结构升级的经济增长空间溢出——软环境还是硬设施［J］．山西财经大学学报，2021，43（9）：44-56.

［3］蔡跃洲，牛新星．中国数字经济增加值规模测算及结构分析［J］．中国社会科学，2021（11）：4-30+204.

［4］曹静，周亚林．人工智能对经济的影响研究进展［J］．经济学动态，2018（1）：103-115.

［5］昌忠泽，孟倩．信息技术影响产业结构优化升级的中介效应分析——来自中国省级层面的经验证据［J］．经济理论与经济管理，2018（6）：39-50.

［6］陈剑，黄朔，刘运辉．从赋能到使能——数字化环境下的企业运营管理［J］．管理世界，2020，36（2）：117-128+222.

［7］陈金丹，王晶晶．产业数字化、本土市场规模与技术创新［J］．现代经济探讨，2021（4）：97-107.

［8］陈楠，蔡跃洲．数字技术对中国制造业增长速度及质量的影响——基于专利应用分类与行业异质性的实证分析［J］．产业经济评论，2021（6）：46-67.

［9］陈堂，陈光．数字化转型对产业结构升级的空间效应研究——基于静态和动态空间面板模型的实证分析［J］．经济与管理研究，2021，42（8）：30-51.

[10] 陈堂，陈光．数字化转型对产业融合发展的空间效应——基于省域空间面板数据 [J]．科技管理研究，2021，41（4）：124-132.

[11] 陈小辉，张红伟，吴永超．数字经济如何影响产业结构水平？[J]．证券市场导报，2020（7）：20-29.

[12] 陈小磊．"两化"融合背景下信息生产力水平评价指标体系构建及测度研究 [D]．南京：南京大学博士学位论文，2020.

[13] 陈晓东，杨晓霞．数字经济可以实现产业链的最优强度吗？——基于1987—2017年中国投入产出表面板数据 [J]．南京社会科学，2021（2）：17-26.

[14] 程振锋，陈欣，王国成．移动互联网金融业内驱式发展及适应性监管政策研究 [J]．首都经济贸易大学学报，2017（6）：22-32.

[15] 邓郴宜，万勇．企业数字化转型助推全要素生产率提升的理论与路径——基于 A 股上市公司的实证检验 [J]．企业经济，2023，42（9）：15-24.

[16] 丁志帆．数字经济驱动经济高质量发展的机制研究：一个理论分析框架 [J]．现代经济探讨，2020（1）：85-92.

[17] 杜传忠，侯佳妮．制造业与服务业融合能否有效缓解服务业"成本病"——基于 WIOD 中国数据的经验事实 [J]．山西财经大学学报，2021，43（3）：28-42.

[18] 杜传忠，刘书彤．数字经济赋能中国制造业全要素生产率的效应测度及路径分析 [J]．经济与管理研究，2023，44（9）：43-65.

[19] 樊纲．双循环构建十四五新发展格局双循环与我们的关系 [M]．北京：中信出版集团股份有限公司，2021.

[20] 樊自甫．数字化能否促进制造业高质量发展——基于省际面板数据的经验证据 [J]．重庆邮电大学学报，2022（9）：15-21.

[21] 范合君，吴婷．数字化能否促进经济增长与高质量发展——来自中国省级面板数据的经验证据 [J]．管理学刊，2021，34（3）：36-53.

[22] 冯博，李艳婷，刘龙．数据权利界定与收益共享共创：数字经济下如

何化公地悲剧为共同富裕［J］. 现代财经（天津财经大学学报），2023，43（8）：3-16.

［23］冯伟，李嘉佳. 企业家精神与产业升级：基于经济增长原动力的视角［J］. 外国经济与管理，2019，41（6）：29-42.

［24］付保宗. 我国推行绿色制造面临的形势与对策［J］. 宏观经济管理，2015（11）：34-36.

［25］干春晖，郑若谷，余典范. 中国产业结构变迁对经济增长和波动的影响［J］. 经济研究，2011，46（5）：4-16+31.

［26］葛和平，吴福象. 数字经济赋能经济高质量发展：理论机制与经验证据［J］. 南京社会科学，2021（1）：24-33.

［27］龚唯平，薛白，董华. 先进制造业发展的动力模型与评价指标体系［J］. 产经评论，2010（2）：34-42.

［28］辜胜阻，吴华君，吴沁沁，等. 创新驱动与核心技术突破是高质量发展的基石［J］. 中国软科学，2018（10）：9-18.

［29］顾金喜. 生态治理数字化转型的理论逻辑与现实路径［J］. 治理研究，2020，36（3）：33-41.

［30］郭朝先，王嘉琪，刘浩荣. "新基建"赋能中国经济高质量发展的路径研究［J］. 北京工业大学学报（社会科学版），2020，20（6）：13-21.

［31］郭家堂，骆品亮. 互联网对中国全要素生产率有促进作用吗？［J］. 管理世界，2016（10）：34-49.

［32］郭克莎，田潇潇. 加快构建新发展格局与制造业转型升级路径［J］. 中国工业经济，2021（11）：44-58.

［33］郭美晨. ICT产业与产业结构优化升级的关系研究——基于灰关联熵模型的分析［J］. 经济问题探索，2019（4）：131-140.

［34］郭馨梅，沈冉，徐小茗. 数字化背景下我国零售业上市公司经营效率评价［J］. 商业经济研究，2020（16）：174-176.

［35］国务院．国务院关于印发《中国制造 2025》的通知［EB/OL］.
(2014-05-19)［2020-09-21］. http：//www. gov. cn/zhengce/content/2014-05/
19/content_9784. htm.

［36］国务院发展研究中心创新发展研究部．数字化转型：发展与政策
［M］.北京：中国发展出版社，2019.

［37］韩永辉，黄亮雄，王贤彬．产业政策推动地方产业结构升级了
吗？——基于发展型地方政府的理论解释与实证检验［J］.经济研究，2017，
52（8）：33-48.

［38］何帆，刘红霞．数字经济视角下实体企业数字化变革的业绩提升效应
评估［J］.改革，2019（4）：137-148.

［39］何立峰．深入贯彻新发展理念推动中国经济迈向高质量发展［J］.宏
观经济管理，2018（4）：4-5+14.

［40］何伟，张伟东，王超贤．面向数字化转型的"互联网+"战略升级研
究［J］.中国工程科学，2020，22（4）：10-17.

［41］何小钢，梁权熙，王善骝．信息技术、劳动力结构与企业生产率——
破解"信息技术生产率悖论"之谜［J］.管理世界，2019（9）：65-80.

［42］贺晓宇，沈坤荣．现代化经济体系、全要素生产率与高质量发展
［J］.上海经济研究，2018（6）：24-34.

［43］胡汉辉，申杰．数字经济、绿色创新与"双碳"目标——"减排"和
"增效"视角［J］.南京财经大学学报，2023（4）：79-88.

［44］胡吉亚，胡海峰．信贷配置、融资能力与制造业高端化［J］.社会科
学，2022（5）：127-139.

［45］胡青．企业数字化转型的机制与绩效［J］.浙江学刊，2020（2）：
146-154.

［46］黄令，王亚飞，伍政兴．数字经验影响制造业高质量发展的实证检验
［J］.统计与决策，2023（7）：12-18.

［47］黄群慧．以新型基础设施建设促进经济高质量发展［J］．中国党政干部论坛，2020（11）：28-31.

［48］黄速建，肖红军，王欣．论国有企业高质量发展［J］．中国工业经济，2018（10）：19-41.

［49］黄玉妃．制造业数字化绿色创新与经济高质量发展影响因素研究［J］．经济师，2023（9）：26-35.

［50］惠宁，白思．打造数字经济新优势：互联网驱动区域创新能力提升［J］．西北大学学报（哲学社会科学版），2021，51（6）：18-28.

［51］惠炜，姜伟．人工智能、劳动力就业与收入分配：回顾与展望［J］．北京工业大学学报（社会科学版），2020，20（5）：77-86.

［52］霍鹏．数字化转型背景下现代服务业与先进制造业的融合发展研究［J］．产业创新研究，2023（3）：34-39.

［53］贾利军．数字技术赋能制造业高质量发展的关键突破路径［J］．教学与研究，2023（9）：4-10.

［54］简兆权，伍卓深．制造业服务化的路径选择研究——基于微笑曲线理论的观点［J］．科学学与科学技术管理，2011，32（12）：136-143.

［55］蒋兴明．产业转型升级内涵路径研究［J］．经济问题探索，2014（12）：43-49.

［56］焦勇，刘忠诚．数字化转型赋能智能制造新模式——从规模化生产、个性化定制到适度规模定制的革新［J］．贵州社会科学，2020（11）：148-154.

［57］金碚．关于"高质量发展"的经济学研究［J］．中国工业经济，2018（4）：4-18.

［58］邝劲松，彭文斌．数字化转型驱动经济高质量发展的逻辑阐释与实践进路［J］．探索与争鸣，2020（12）：132-136+200.

［59］赖红波．数字技术赋能与"新零售"的创新机理——以阿里犀牛和拼多多为例［J］．中国流通经济，2020，34（12）：11-19.

[60] 蓝庆新，赵永超．双循环新发展格局下的数字化转型发展 [J]．理论学刊，2021（1）：24-31．

[61] 李春发，李冬冬，周驰．数字化转型驱动制造业转型升级的作用机理——基于产业链视角的分析 [J]．商业研究，2020（2）：73-82．

[62] 李金昌，连港慧，徐蔼婷．"双碳"愿景下企业绿色转型的破局之道——数字化驱动绿色化的实证研究 [J]．数量经济技术经济研究，2023，40（9）：27-49．

[63] 李金昌，史龙梅，徐蔼婷．高质量发展评价指标体系探讨 [J]．统计研究，2019，36（1）：4-14．

[64] 李平，付一夫，张艳芳．生产性服务业能成为中国经济高质量增长新动能吗 [J]．中国工业经济，2017（12）：5-21．

[65] 李天宇，王晓娟．数字化转型赋能中国"双循环"战略：内在逻辑与实现路径 [J]．经济学家，2021（5）：102-109．

[66] 李文钊．双层嵌套治理界面建构：城市治理数字化转型的方向与路径 [J]．电子政务，2020（7）：32-42．

[67] 李英杰，韩平．数字化转型下制造业高质量发展的机理和路径 [J]．宏观经济管理，2021（5）：36-45．

[68] 李玉红，王皓，郑玉歆．企业演化：中国工业生产率增长的重要途径 [J]．经济研究，2008（6）：12-24．

[69] 刘航，伏霖，李涛，等．首届互联网与数字经济论坛综述——基于中国实践的互联网与数字经济研究 [J]．经济研究，2019，54（3）：204-208．

[70] 刘凌波，刘军．产业数字化：内涵、测度及经济效应 [J]．经济问题，2023（10）：36-43．

[71] 刘乃全，邓敏，曹希广．城市的电商化转型推动了绿色高质量发展吗？——基于国家电子商务示范城市建设的准自然实验 [J]．财经研究，2021，47（4）：49-63．

［72］刘英基．我国高技术产业高端化与技术创新耦合发展实证研究［J］．软科学，2015，29（1）：64-69.

［73］刘志彪．强化实体经济推动高质量发展［J］．产业经济评论，2018（2）：4-9.

［74］刘志彪．战略性新兴产业的高端化：基于"链"的经济分析［J］．产业经济研究，2012（3）：9-17.

［75］柳卸林，张文逸，葛爽，等．数字化是否有利于缩小城市间发展差距？——基于283个城市的实证研究［J］．科学学与科学技术管理，2021，42（6）：102-113.

［76］陆远权，张源．汉江生态经济带交通状况—区域经济—生态环境耦合协调发展研究［J］．长江流域资源与环境，2022，31（11）：2404-2415.

［77］罗建强，李伟鹏，赵艳萍，等．基于WSR的制造企业服务衍生状态及其评价研究［J］．管理评论，2017，29（6）：129-140.

［78］罗劲博．内部控制、社会信任与企业生产效率［J］．会计与经济研究，2017，31（3）：72-91.

［79］罗良文，孙小宁．生产性服务业与制造业协同集聚、融合发展的效率分析——基于微观企业数据的实证研究［J］．学术研究，2021（3）：100-107.

［80］罗仲伟，陆可晶．转危为机：运用数字技术加速中小企业群体性转型升级［J］．价格理论与实践，2020（6）：10-16+36.

［81］马俊，司晓，袁东明．数字化转型与数字变革［M］．北京：中国发展出版社，2020：1-5.

［82］马亮．大数据技术何以创新公共治理？——新加坡智慧国案例研究［J］．电子政务，2015（5）：2-9.

［83］马茹．基于产业微笑曲线解读制造业产业升级发展［J］．经济与管理，2015，29（6）：63-66.

［84］马中东，宁朝山．数字经济、要素配置与制造业质量升级［J］．经济

体制改革，2020（3）：24-30.

[85] 孟凡生，赵刚，徐野. 基于数字化的高端装备制造企业智能化转型升级演化博弈研究 [J]. 科学管理研究，2019，37（5）：89-97.

[86] 孟天广. 政府数字化转型的要素、机制与路径——兼论"技术赋能"与"技术赋权"的双向驱动 [J]. 治理研究，2021，37（1）：5-14+2.

[87] 倪红福. 全球价值链中产业"微笑曲线"存在吗？——基于增加值平均传递步长方法 [J]. 数量经济技术经济研究，2016，33（11）：111-126+161.

[88] 牛思佳，沈雷. 数字化转型下服装品牌营销渠道的策略分析 [J]. 毛纺科技，2020，48（4）：70-74.

[89] 牛同训. 牵引电动机绿色维修环境性评价模型研究 [J]. 现代制造工程，2010（9）：126-131.

[90] 戚聿东，蔡呈伟. 数字化对制造业企业绩效的多重影响及其机理研究 [J]. 学习与探索，2020（7）：108-119.

[91] 戚聿东，褚席. 数字经济发展促进产业结构升级机理的实证研究 [J]. 学习与探索，2022（4）：111-120.

[92] 綦良群，吴佳莹. 实现经济高质量发展的路径选择——基于制造业和生产性服务业互动融合统计分析 [J]. 中国统计，2018（6）：63-64.

[93] 钱龙，何永芳. 中国服务业制造化的产业绩效研究——来自世界投入产出表的经验证据 [J]. 经济经纬，2019，36（1）：80-86.

[94] 钱雨，孙新波，苏钟海，等. 传统企业动态能力与数字平台商业模式创新机制的案例研究 [J]. 研究与发展管理，2021，33（1）：175-188.

[95] 秦铸清，朱玉琴，王德平. 数字经济与制造业高质量发展的耦合协调分析——基于成都与北京的比较 [J]. 西部经济管理论坛，2021，32（2）：31-43.

[96] 任保平，李禹墨. 经济高质量发展中生产力质量的决定因素及其提高路径 [J]. 经济纵横，2018（7）：26-34.

［97］任保平，刘鸣杰．我国高质量发展中有效供给形成的战略选择与实现路径［J］．学术界，2018（4）：52-65.

［98］任保平．数字化转型引领高质量发展的逻辑、机制与路径［J］．西安财经学院学报，2020，33（2）：5-9.

［99］任保平．新时代我国制造业高质量发展需要坚持的六大战略［J］．人文杂志，2019（7）：31-38.

［100］任保平．新时代中国经济从高速增长转向高质量发展：理论阐释与实践取向［J］．学术月刊，2018，50（3）：65-74+86.

［101］任碧云，郭猛．基于文本挖掘的数字化水平与运营绩效研究［J］．统计与信息论坛，2021，36（6）：51-61.

［102］沈运红，黄桁．数字经济水平对制造业产业结构优化升级的影响研究——基于浙江省2008—2017年面板数据［J］．科技管理研究，2020，40（3）：147-154.

［103］师博，韩雪莹．中国实体经济高质量发展测度与行业比较：2004—2017［J］．西北大学学报（哲学社会科学版），2020，50（1）：57-64.

［104］师博，任保平．中国省际经济高质量发展的测度与分析［J］．经济问题，2018（4）：1-6.

［105］史丹，李鹏．中国工业70年发展质量演进及其现状评价［J］．中国工业经济，2019（9）：5-23.

［106］宋德勇，朱文博，丁海．企业数字化能否促进绿色技术创新？——基于重污染行业上市公司的考察［J］．财经研究，2022，48（4）：34-48.

［107］苏永伟．中部地区制造业高质量发展评价研究——基于2007～2018年的数据分析［J］．经济问题，2020（9）：85-91+117.

［108］孙海芳．信息生产力的特征及意义分析［J］．科学社会主义，2007（1）：132-134.

［109］孙晓华，郑辉．资源型地区经济转型模式：国际比较及借鉴［J］．经

济学家，2019（11）：104-112.

[110] 唐杰英. 数字化变革下的中国数字化转型——基于数字化转型边界及测度的视角 [J]. 对外经贸，2018（9）：49-55.

[111] 唐晓华，张欣珏，李阳. 中国制造业与生产性服务业动态协调发展实证研究 [J]. 经济研究，2018，53（3）：79-93.

[112] 腾讯研究院. 数字中国指数报告（2019）[EB/OL].（2019-05-23）[2020-09-21]. http：//www. cbdio. com/BigData/2019~05/23/content_6123836. htm.

[113] 田惠敏. 绿色金融助力经济高质量发展 [J]. 中国科技论坛，2018（4）：2-3.

[114] 万伦，王顺强，陈希，等. 制造业数字化转型评价指标体系构建与应用研究 [J]. 科技管理研究，2020，40（13）：142-148.

[115] 汪晓文，陈明月，陈南旭. 数字经济、绿色技术创新与产业结构升级 [J]. 经济问题，2023（1）：19-28.

[116] 王贵东，杨德林. 互联网提升了制造企业的全要素生产率吗？——我国信息通信技术生产率悖论的再探讨 [J]. 统计研究，2023，40（6）：63-76.

[117] 王核成，王思惟，刘人怀. 企业数字化成熟度模型研究 [J]. 管理评论，2021，33（12）：152-162.

[118] 王磊，谭清美，王斌. 传统产业高端化机制研究——基于智能生产与服务网络体系 [J]. 软科学，2016，30（11）：1-4.

[119] 王莉娜. 数字化对企业转型升级的影响——基于世界银行中国企业调查数据的实证分析 [J]. 企业经济，2020（5）：69-77.

[120] 王其中. 促进战略性新兴产业高端化发展的思考 [J]. 经济纵横，2013（12）：60-62.

[121] 王茜. 中国制造业是否应向"微笑曲线"两端攀爬——基于与制造业传统强国的比较分析 [J]. 财贸经济，2013（8）：98-104.

［122］王瑞，董明，侯文皓．制造型生产数字化成熟度评价模型及方法研究［J］．科技管理研究，2019（19）：57-64．

［123］王雄飞，李香菊，杨欢．中国经济高质量发展下财政模式创新与政策选择［J］．当代财经，2018（11）：24-34．

［124］王一鸣．大力推动我国经济高质量发展［J］．人民论坛，2018（9）：32-34．

［125］王岳龙，宋立楠，杨海波．产业高端化要慎防微笑曲线认识误区［J］．经济研究参考，2016（37）：13-17．

［126］韦森．探寻人类社会经济增长的内在机理与未来道路——评林毅夫教授的新结构经济学理论框架［J］．经济学（季刊），2013，12（3）：1051-1074．

［127］韦庄禹，李毅婷，武可栋．数字化转型能否促进制造业高质量发展？——基于省际面板数据的实证分析［J］．武汉金融，2021（3）：37-45．

［128］温君．中小企业财务危机预警指标体系研究［J］．现代营销（信息版），2019（8）：46．

［129］温忠麟，侯杰泰．隐变量交互效应分析方法的比较与评价［J］．数理统计与管理，2004（3）：37-42．

［130］文丰安．推动新时代长江经济带高质量发展［J］．改革，2018（11）：1．

［131］文嫣，张生丛．价值链各环节市场结构对利润分布的影响——以晶体硅太阳能电池产业价值链为例［J］．中国工业经济，2009（5）：150-160．

［132］邬爱其，宋迪．制造企业的数字化转型：应用场景与主要策略［J］．福建论坛（人文社会科学版），2020（11）：28-36．

［133］吴继英，李琪．数字化转型驱动制造业与服务业融合的空间效应［J］．统计学报，2022，3（3）：42-56．

［134］吴旺延，刘珺宇．智能制造促进中国产业转型升级的机理和路径研究［J］．西安财经大学学报，2020（3）：19-26．

［135］夏后学，谭清美，王斌. 制造业高端化的新型产业创新平台研究——智能生产与服务网络视角［J］. 科研管理，2017，38（12）：1-10.

［136］夏杰长，肖宇. 以制造业和服务业融合发展壮大实体经济［J］. 中国流通经济，2022，36（3）：3-13.

［137］夏露. 基于微笑曲线理论的企业专利战略探讨［J］. 经济纵横，2011（12）：75-79.

［138］肖华，张国清. 内部控制质量、盈余持续性与公司价值［J］. 会计研究，2013（5）：73-81.

［139］肖旭，戚聿东. 产业数字化转型的价值维度与理论逻辑［J］. 改革，2019（8）：61-70.

［140］谢莉娟. 互联网时代的流通组织重构——供应链逆向整合视角［J］. 中国工业经济，2015（4）：44-56.

［141］熊曼辰，曹学晨，宋书也. 制造业数字化转型对企业绩效的影响研究［J］. 科技与经济，2023（4）：15-26.

［142］熊先青，马清如，袁莹莹，等. 面向智能制造的家具企业数字化设计与制造［J］. 林业工程学报，2020，5（4）：174-180.

［143］徐德龙. 徐德龙院士：降污治霾工程技术之我见［J］. 广东科技，2016，25（17）：54-56.

［144］徐敏，姜勇. 中国产业结构升级能缩小城乡消费差距吗？［J］. 数量经济技术经济研究，2015，32（3）：3-21.

［145］许南，李建军. 产品内分工、产业转移与中国产业结构升级［J］. 管理世界，2012（1）：182-183.

［146］许庆瑞，李杨，刘景江. 结合制造与服务逻辑发展企业创新能力——基于海尔集团的纵向案例研究［J］. 科研管理，2020，41（1）：35-47.

［147］薛朝改. 绿色制造的扩散行为及分析［J］. 系统科学学报，2015，23（3）：79-83.

[148] 杨东，柴慧敏．企业绿色技术创新的驱动因素及其绩效影响研究综述 [J]．中国人口·资源与环境，2015，25（S2）：132-136．

[149] 杨慧梅，江璐．数字经济、空间效应与全要素生产率 [J]．统计研究，2021，38（4）：3-15．

[150] 杨汝岱．中国制造业企业全要素生产率研究 [J]．经济研究，2015，50（2）：61-74．

[151] 杨万平，张志浩，卢晓璐．中国经济发展的可持续性及其影响因素分析 [J]．管理学刊，2015，28（5）：37-45．

[152] 杨忠智．公司内部控制的价值分析 [J]．经济管理，2007（9）：15-19．

[153] 殷宝庆，肖文，刘洋．绿色研发投入与"中国制造"在全球价值链的攀升 [J]．科学学研究，2018，36（8）：1394-1403+1504．

[154] 殷群，田玉秀．数字化转型影响高技术产业创新效率的机制 [J]．中国科技论坛，2021（3）：103-112．

[155] 尹西明，王朝晖，陈劲，等．数字化转型与企业绿色技术创新：基于大数据文本挖掘的研究 [J]．北京理工大学学报，2023（9）：12-22．

[156] 尹向飞，段文斌．中国科技创新对经济增长的支撑作用研究 [J]．上海经济研究，2017（12）：24-36．

[157] 尹向飞，欧阳峣．中国全要素生产率再估计及不同经济增长模式下的可持续性比较 [J]．数量经济技术经济研究，2019，36（8）：72-91．

[158] 于法稳，林珊．"双碳"目标下企业绿色转型发展的促进策略 [J]．改革，2022（2）：144-155．

[159] 于飞，刘明霞，王凌峰，等．知识耦合对制造企业绿色创新的影响机理——冗余资源的调节作用 [J]．南开管理评论，2019，22（3）：54-65+76．

[160] 袁淳，肖土盛，耿春晓，等．数字化转型与企业分工：专业化还是纵向一体化 [J]．中国工业经济，2021（9）：137-155．

［161］张敬伟. 扎根理论研究法在管理学研究中的应用［J］. 科技管理研究，2010，30（1）：235-237.

［162］张军扩，侯永志，刘培林，等. 高质量发展的目标要求和战略路径［J］. 管理世界，2019，35（7）：1-7.

［163］张鹏，周恩毅，刘启雷. 制造业企业数字化转型水平测度——基于省调研数据的实证研究［J］. 科技进步与对策，2022，39（7）：64-72.

［164］张昕蔚. 数字经济条件下的创新模式演化研究［J］. 经济学家，2019（7）：32-39.

［165］张永恒，郝寿义. 高质量发展阶段新旧动力转换的产业优化升级路径［J］. 改革，2018（11）：30-39.

［166］张于喆. 数字经济驱动产业结构向中高端迈进的发展思路与主要任务［J］. 经济纵横，2018（9）：85-91.

［167］张远，李焕杰. 数字化转型与制造企业服务化——基于嵌入式服务化和混入式服务化的双重视角［J］. 中国流通经济，2022，36（2）：90-106.

［168］张月友，董启昌，倪敏. 服务业发展与"结构性减速"辨析——兼论建设高质量发展的现代化经济体系［J］. 经济学动态，2018（2）：23-35.

［169］赵春明，班元浩，李宏兵. 数字化转型助推双循环新发展格局的机制、路径与对策［J］. 国际贸易，2021（2）：12-18+54.

［170］赵剑波，史丹，邓洲. 高质量发展的内涵研究［J］. 经济与管理研究，2019，40（11）：15-31.

［171］赵涛，张智，梁上坤. 数字经济、创业活跃度与高质量发展——来自中国城市的经验证据［J］. 管理世界，2020，36（10）：65-76.

［172］赵玉林，裴承晨. 技术创新、产业融合与制造业转型升级［J］. 科技进步与对策，2019，36（11）：70-76.

［173］赵云鹏，叶娇. 对外直接投资对中国产业结构影响研究［J］. 数量经济技术经济研究，2018，35（3）：78-95.

［174］赵振．"互联网+"下制造企业服务化悖论的平台化解决思路［J］.
科技进步与对策，2016，33（6）：75-83.

［175］郑志强，何佳俐．企业数字化转型对技术创新模式的影响研究［J］.
外国经济与管理，2023，45（9）：54-68.

［176］植草益．信息通讯业的产业融合［J］.中国工业经济，2001（2）：
24-27.

［177］中国信息通信研究院．中国数字经济发展白皮书（2020年）［EB/OL］.
（2020－07）［2021－09－23］．http：//www.caict.ac.cn/kxyj/qwfb/bps/202007/
t20200702_285535.htm.

［178］周剑，陈杰．数字化转型架构与方法［M］.北京：清华大学出版
社，2020.

［179］周青，姚景辉，杨伟．基于服务主导逻辑的"互联网+"企业创新生
态系统价值共创模式［J］.电子科技大学学报（社会科学版），2020，22（2）：
1-10.

［180］周文辉，王鹏程，杨苗．数字化赋能促进大规模定制技术创新［J］.
科学学研究，2018（8）：1516-1523.

［181］朱建良，王廷才．数字化转型：中国经济创新增长"新蓝图"［M］.
北京：中国工信出版社，2017.

［182］祝合良，王春娟．"双循环"新发展格局战略背景下产业数字化转
型：理论与对策［J］.财贸经济，2021，42（3）：14-27.

［183］邹帮山，王立文，汪诚礼．对现代企业数字化管理的探讨［J］.航空
制造技术，2002（8）：40-46.

［184］左鹏飞，陈静．高质量发展视角下的数字化转型与经济增长［J］.财
经问题研究，2021（9）：19-27.

［185］Aeppelt S. Silicon valley doesn't believe U.S. productivity is down［J］.
Wall Street Journal，2015（6）：7-16.

[186] Agarwal R, Animesh A, Prasad K. Social interactions and the "Digital Divide": Explaining variations in internet use [J]. Information Systems Research, 2009 (2): 277-294.

[187] Agarwal R, Guodong G, DesRoches C, et al. The digital transformation of healthcare: Current status and the road ahead [J]. Information Systems Research, 2010 (4): 796-809.

[188] Akerlof. The market for "Lemons": Quality uncertainty and the market mechanism [J]. Quarterly Journal of Economics, 1970, 84 (3): 488-500.

[189] Andrioles J. Five myths about digital transformation [J]. MIT Sloan Management Review, 2017, 58 (3): 19-22.

[190] Ariga J M. Internalizing environmental quality in a simple endogenous growth model [M]. Maryland: University of Maryland, 2002.

[191] Arrow K J. The economic implication of learning by doing [J]. Review of Economics and Statistics, 1962, 29 (3): 22-45.

[192] Atasoy H. The effects of broadband internet expansion on labor market outcomes [J]. Industrial & Labor Relations Review, 2013, 66 (2): 315-345.

[193] Attewell P. Technology diffusion and organizational learning: The case of business computing [J]. Organization Science, 1992 (3): 1-19.

[194] Ballestar M T, Camia E, Díaz-chao Á, et al. Productivity and employment effects of digital complementarities [J]. Journal of Innovation & Knowledge, 2021, 50: 177-190.

[195] Bean C. Independent review of UK Economic Statistics [M]. London: Independent Report for HM Treasury and Cabinet Office, 2016.

[196] Bharadwaj A S. A resource-based perspective on information technology capability and firm performance: An empirical investigation [J]. MIS Quarterly, 2000, 24 (1): 169-196.

[197] Brynjolfsson E, Hitt L M. Computing productivity: Firm-level evidence [J]. Review of Economics and Statistics, 2003: 14-17.

[198] Carr A S, Kaynak H. Communication methods, information sharing, supplier development and performance: An empirical study of the irrelationships [J]. International Journal of Operations & Production Management, 2007, 27 (4): 346-370.

[199] Casalino N, Uchowski I, Labrinos N, et al. Digital strategies and organizational performances of SMEs in the age of coronavirus: Balancing digital transformation with an effective business resilience [J]. Social Science Electronic Publishing, 2005, 5 (2): 662-671.

[200] Chanias S, Myers M D, Hess T. Digital transformation strategy making in pre-digital organizations: The case of a financial services provider [J]. The Journal of Strategic Information Systems, 2019, 28 (1): 17-33.

[201] Chesbrough H, Rosenbloom R S. The role of the business model in capturing value from innovation: Evidence from Xerox Corporation's technology spin-off companies [J]. Industrial & Corporate Change, 2002, 11 (3): 529-555.

[202] Chou Y C, Chuang H C, Shao B. The impacts of information technology on total factor productivity: A look at externalities and innovations [J]. International Journal of Production Economics, 2014, 158: 290-299.

[203] Cohen M, Agrawal N, Agrawal V. Winning in the aftermarket [J]. Harvard Business Review, 2006, 84 (5): 129-138.

[204] Cui M, Pan S L. Developing focal capabilities for e-commerce adoption: A resource orchestration perspective [J]. Information & Management, 2015, 52 (2): 200-209.

[205] Cusumano M A, Kahls J, Suarez F F. Services, industry evolution, and the competitive strategies of product firms [J]. Strategic Management Journal, 2015 (4):

559-575.

[206] Daniel E M. , Wilson H N. The role of dynamic capabilities in e-business transformation [J]. European Journal of Information Systems, 2003, 12 (4): 282-296.

[207] David P A. The dynamo and the computer: An historical perspective on the modern productivity paradox [J]. American Economic Review, 1990, 80 (2): 355-361.

[208] Del Monte A, Papagni E. R&D and the growth of firms: Empirical analysis of a panel of Italian firms [J]. Research Policy, 2003, 32 (6): 1003-1014.

[209] Earley S. The digital transformation: Staying competitive [J]. IT Professional, 2014, 16 (2): 58-60.

[210] Eller R, Alford P, Kallmünzer A, et al. Antecedents, consequences, and challenges of small and medium-sized enterprise digitalization [J]. Journal of Business Research, 2020, 112: 119-127.

[211] Fernald J. Productivity and potential output before, during, and after the great recession [J]. NBER Macroeconomics Annual, 2015, 29 (1): 1-51.

[212] Ferreira J J M, Fernandes C I, Ferreira F A F. To be or not to be digital, that is the question: Firm innovation and performance [J]. Journal of Business Research, 2019, 101: 583-590.

[213] Gallego-Alvarez I, Prado-Lorenzo J M, García-Sánchez I M. Corporate social responsibility and innovation: A resource-based theory [J]. Management Decision, 2011, 10 (1): 1709-1727.

[214] Gamache S, Abdul-Nour G, Baril C. Development of a digital performance assessment model for quebec manufacturing SMES [J]. Procedia Manufacturing, 2019, 38: 1085-1094.

[215] Gebauer H, Fleisch E, Friedli T. Overcoming the service paradox in manu-

facturing companies [J]. European Management Journal, 2005, 23 (1): 14-26.

[216] Genzorova T, Corejova T, Stalmasekova N. How digital transformation can influence business model: A case study for the transport industry [J]. Transportation Research Procedia, 2019, 40: 1053-1058.

[217] Ghasemkhani H, Soule D L, Westerman G F. Competitive advantage in a digital world: Toward an information-based view of the firm [J]. SSRN Electronic Journal, 2014: 15-26.

[218] Ghobakhloo M, Fathi M, Iranmanesh M, et al. Industry 4.0 ten years on: A bibliometric and systematic review of concepts, sustainability value drivers, and success determinants [J]. Journal of Cleaner Production, 2021: 18-25.

[219] Glaser B G, Strauss A L. The discovery of grounded theory: Strategies for qualitative research [M]. New York: Aldine, 1967.

[220] Goerzig D, Bauernhansl T. Enterprise architectures for the digital transformation in small and medium-sized enterprises [J]. Procedia CIRP, 2018, 67: 540-545.

[221] Gordon R J. Does the "New Economy" measure up to the great inventions of the past? [J]. Journal of Economic Perspectives, 2000, 14 (4): 49-74.

[222] Griliches Z. Productivity, R&D, and basic research at the firm level in the 1970s [J]. American Economic Review, 1986, 76 (1): 141-154.

[223] Gullickson W, Harper M J. Possible measurement bias in aggregate productivity growth [J]. Monthly Labor Review, 1999, 122 (2): 47-67.

[224] Hanelt A, Bohnsack R, Marz D, et al. A systematic review of the literature on digital transformation: Insights and implications for strategy and organizational change [J]. Journal of Management Studies, 2021, 58 (5): 1159-1197.

[225] Hinings B, Gegenhuber T, Greenwood R. Digital innovation and transformation: An institutional perspective [J]. Information and Organization, 2018, 28

（1）：52-61.

［226］Ines Mergel, Noella Edelmann. Defining digital transformation：Results from expert interviews ［J］. Government Information Quarterly, 2019, 36 (4)：17-19.

［227］Jarvenpaa S L, Ives B. Executive involvement and participation in the management of information technology ［J］. MIS Quarterly, 1991, 15 (2)：205-227.

［228］Jensen M C, Meckling W H. Specific and general knowledge, and organizational structure ［M］. New York：Knowledge Management and Organizational Design, 1996.

［229］Jones T M. Corporate social responsibility revisited, redefined ［J］. California Management Review, 1980, 22 (3)：59-67.

［230］Jorgenson D W, Stiroh K J. Information technology and growth ［J］. American Economic Review, 1999, 89 (2)：109-115.

［231］Khuntia S, Majumder S K, Ghosh P. Oxidation of as (Ⅲ) to as (Ⅴ) using ozone microbubbles ［J］. Chemosphere, 2014, 97：132-166.

［232］Kim H J, Pan G, Pan S L. Managing IT-enabled transformation in the public sector：A case study on e-government in South Korea ［J］. Government Information Quarterly, 2007, 24 (2)：338-352.

［233］Klievink B, Janssen M. Realizing joined-up government-Dynamic capabilities and stage models for transformation ［J］. Government Information Quarterly, 2009, 26 (2)：275-284.

［234］Kutin A, Dolgov V, Sedykh M. Information links between product life cycles and production system management in designing of digital manufacturing ［J］. Procedia Cirp, 2016 (3)：17-29.

［235］Kwonkh. Exploratory study on digital transformation of manufacturing-based MNCs ［J］. International Business Review, 2018, 1：1-25.

［236］Lewbel A. Constructing instruments for regressions with measurement error when no additional data are available [J]. Econometrica, 1997, 65 (5): 1201-1213.

[237] Li F. The digital transformation of business models in the creative industries: A holistic framework and emerging trends [J]. Technovation, 2020, 2: 92-93.

[238] Li L, Su F, Zhang W, et al. Digital transformation by SME entrepreneurs: A capability perspective [J]. Information Systems Journal, 2017, 28: 1129-1157.

[239] Lichtenberg D S. The impact of R&D investment on productivity-new evidence using linked R&D-LRD data [J]. Economic Inquiry, 1991, 29 (2): 203-229.

[240] Lin H, Zeng S X, Ma H Y, et al. Can political capital drive corporate green innovation? Lessons from China [J]. Journal of Cleaner Production, 2014, 64 (1): 63-72.

[241] Liu Y, Dong J, Ying Y, et al. Status and digital innovation: A middle-status conformity perspective [J]. Technological Forecasting and Social Change, 2021, 168: 120781.

[242] Liu Y, Yan Y, Li H, et al. Digital economy development, industrial structure upgrading and green total factor productivity: Empirical evidence from China's cities [J]. International Journal of Environmental Research and Public Health, 2022, 19 (4): 2414.

[243] Lucas H C, Agarwal R, Clemons E K, et al. Impactful research on transformational information technology: An opportunity to inform new audiences [J]. MIS Quarterly, 2013, 37 (2): 371-382.

[244] Maedche A. Interview with michael nilles on "what makes leaders successful in the age of the digital transformation?" [J]. Business & Information Systems Engineering, 2016, 58 (4): 287-289.

［245］Majchrzak A, Markus M L, Wareham J. Designing for digital transformation: Lessons for information systems research from the study of ICT and societal challenges ［J］. MIS Quarterly, 2016, 40 (2): 267-277.

［246］Makower J. The clean revolution: Technologies from the leading edge ［D］. The Global Business Network Worldview Meeting, 2001.

［247］Mathieu V. Product services: From a service supporting the product to a service supporting the client ［J］. Journal of Business & Industrial Marketing, 2001, 16 (1): 39-58.

［248］Matt C, Hess T, Benlian A. Digital transformation strategies ［J］. Business & Information Systems Engineering, 2015, 57 (5): 339-343.

［249］Mergel I, Edelmann N, Haug N. Defining digital transformation: Results from expert interviews ［J］. Government Information Quarterly, 2019, 36 (4): 101-135.

［250］Mooi E A, Frambach R T. Encouraging innovation in business relationships—A research note ［J］. Journal of Business Research, 2012, 65 (7): 1025-1030.

［251］Mubarak M F, Tiwari S, Petraite M, Mubarik M, Raja Mohd Rasi R Z. How Industry 4.0 Technologies and Open Innovation Can Improve Green Innovation Performance ［J］. Management of Environmental Quality, 2021, 32 (5): 1007-1022.

［252］Neely A. Exploring the financial consequences of the servitization of manufacturing ［J］. Operations Management Research, 2008 (2): 103-118.

［253］Negroponte N. One-point touch input of vector information for computer displays ［J］. ACM Siggraph Computer Graphics, 1978: 88-89.

［254］Oliner S D, Sichel D E. The resurgence of growth in the late 1990s: Is information technology the story? ［J］. Journal of Economic Perspectives, 2000, 14

（4）：3-22.

［255］Oliva R，Kallenberg R. Managing the transition from products to services
［J］. International Journal of Service Industry Management，2003，14（2）：160-
172.

［256］Petruzzelli A M，Massis A D，Frattini F，et al. Implementing a digital
strategy：Learning from the experience of three digital transformation projects ［J］.
California Management Review，2020，62（4）：257-280.

［257］Pittaway J J，Montazemi A R. Know-how to lead digital transformation：
The case of local governments ［J］. Government Information Quarterly，2020，37
（4）：101474.

［258］Prahalad C K，Bettis R A. The dominant logic：A new linkage between di-
versity and performance ［J］. Strategic Management Journal，1986，7（6）：485-
501.

［259］Prahalad C K，Hamel G. The core competence of the corporation ［J］.
Harvard Business Review，1990，3（3）：79-91.

［260］Reiskin E D，White J K，Johnson and Votta J T. Servicizing the chemical
supply chain ［J］. Journal of Industrial Ecology，1999，3（23）：19-31.

［261］Ren X D，Shao Q L，Zhong R Y. Nexus between green finance，non-fos-
sil energy use，and carbon intensity：Empirical evidence from China based on a vector
error correction model ［J］. Journal of Cleaner Production，2020，277：1-12.

［262］Riedl R，Benlian A. On the relationship between information management
and digitalization ［J］. Business & Information System Engineering，2017，6：475-
482.

［263］Rosenberg N. Capital goods，technology，and economic growth ［J］. Ox-
ford Economic Papers，1963，15（3）：3-17.

［264］Saarikko T，Westergren U H，Blomquist T. Digital transformation：Five recommendations for the digitally conscious firm [J]. Business Horizons, 2020, 63 (6):825-839.

[265] Sanja T, Nicholas B, Jan B. Digital innovation and institutional entrepreneurship: Chief digital officer perspectives of their emerging role [J]. Journal of Information Technology, 2018, 33 (3): 188-202.

[266] Schneider D, Fröhlich T, Huth T, et al. Design for flexibility-evaluation interactions between product properties and production processes [J]. Procedia CIRP, 2020, 91: 814-818.

[267] Seo. Digital business conver gence and emerging contested fields: A conceptual framework [J]. Journal of the Association for Information Systems, 2017, 18 (10): 687-702.

[268] Solow R. Growth theory and after [J]. Nobel Prize in Economics Documents, 1987: 1-11.

[269] Soretz S. Stochastic pollution and environmental care in an endogenous growth model [J]. The Manchester School, 2003, 71 (4): 448-469.

[270] Stevenson B. The internet and job search [J]. Nber Chapters, 2009: 9-10.

[271] Stokey N L. Are there limits to growth? [J]. International Economic Review, 1998, 39 (1): 1-31.

[272] Strambach S. Border-crossing sustainable innovation processes: German Knowledge-Intensive Business Services (KIBS) in green construction [J]. Sustainable Innovation & Regional Development, 2017: 7-29.

[273] Subramaniam M, Youndt M A. The influence of intellectual capital on the types of innovative capabilities [J]. Academy of Management Journal, 2005: 7-21.

[274] Suddaby R. From the editors: What grounded theory is not [J]. Academy of Management Journal, 2006, 49 (4): 633-642.

[275] Svahn F, Mathiassen L, Lindgren R, et al. Mastering the digital innovation challenge [J]. MIT Sloan Management Review, 2017, 58 (3): 14-16.

[276] Szalavetz A. Tertiarization of manufacturing industry in the new economy—Experiences in hungarian companies [R]. No 134, IWE Working Papers, Institute for World Economics—Centre for Economic and Regional Studies, 2003.

[277] Tan C W, Pan S L. Managing e-transformation in the public sector: An e-government study of the Inland Revenue Authority of Singapore (IRAS) [J]. European Journal of Information Systems, 2003, 12 (4): 269-281.

[278] Teece D J. Explicating dynamic capabilities: The nature and microfoundations of sustainable enterprise performance [J]. Strategic Management Journal, 2007, 28 (13): 1319-1350.

[279] Tobias K, Pooyan K. Digital transformation and organization design: An integrated approach [J]. California Management Review, 2020, 62 (4): 86-104.

[280] Toffel M W. Contracting for servicizing [A]// Harvard Business School Technology & Operations Mgt. Unit Research Papers, 2008, 68 (5): 8-63.

[281] Torrisi S, Gambardella A. Does technological convergence imply convergence in markets? Evidence from the electronics industry [J]. Research Policy, 1998, 27 (5): 445-463.

[282] Triplett J E. The solow productivity paradox: What do computers do to productivity [J]. Canadian Journal of Economics, 1999, 32 (2): 309-334.

[283] Ulas D. Digital transformation process and SMEs [J]. Procedia Computer Science, 2019, 158: 662-671.

[284] Verhoef P C, Broekhuizen T, Bart Y, et al. Digital transformation: A multidisciplinary reflection and research agenda [J]. Journal of Business Research, 2019, 122 (1): 11-33.

[285] Verhoef P C, Broekhuizen T, Bart Y, et al. Digital transformation: A

multidisciplinary reflection and research agenda [J]. Journal of Business Research, 2021, 122: 889-901.

[286] Vial G. Understanding digital transformation: A review and a research agenda [J]. The Journal of Strategic Information Systems, 2019, 28 (2): 118-144.

[287] Watanabe C, Hur J Y. Firm strategy in shifting to service-oriented manufacturing: The case of Japan's electrical machinery industry [J]. Journal of Services Research, 2004, 4 (1): 5-22.

[288] West J, Bogers M. Leveraging external sources of innovation: A review of research on open innovation [J]. Journal of Product Innovation Management, 2014, 31 (4): 814-831.

[289] Wise R, Baumgartner P. Go downstream: The new imperative in manufacturing [J]. Harvard Business Review, 1999, 77 (5): 133-141.

[290] Yoo Y, Boland R J, Lyytinen K, et al. Organizing for innovation in the digitized world [J]. Organization Science, 2012, 23 (5): 1398-1408.

[291] Zaki M. Digital transformation: Harnessing digital technologies for the next generation of services [J]. Journal of Services Marketing, 2019, 33 (4): 429-435.